日本史研究叢刊47

奈良時代政治史の諸相

木本好信 著

和泉書院

目次

第一章　元正天皇即位をめぐる政治的考察

はじめに

元正天皇については、聖武天皇即位までの「中継ぎ」[1]の女帝であったとか、またこれを否定して男帝に劣らない本格的な天皇であったとする見解もあり、その評価が定まっていないなど多くの問題がある。そして、いつ頃から即位を前提に未婚を貫いていたのか、また即位を推進したのは誰なのか、なぜ即位詔が宣命詔でなく漢文詔なのか、そのことが元正の存在意義とどう関係するのか、元明母帝や権臣藤原不比等の政治的意図をもふくめて諸説が混在して定説をみることがない。

なかでも、すでに立太子して、父文武天皇が即位した一五歳に達していた首皇太子（聖武天皇）が存在しているのに、なぜ元明は首に譲位せずに元正（氷高内親王）に譲位したのか、いまだ明解になっていない。これがもっとも重視される課題であろう。

本論では、このことなどに焦点をあわせて、先行論文に導かれながら元正即位をめぐる政治的背景について考察を進めたいと思う（氷高内親王・元正天皇、首皇子・聖武天皇双方を適宜使用する）。

一　氷高内親王の未婚について

まず氷高が、いつ頃から、誰によって、どうして未婚が決められていたのかである。渡部育子氏は、結婚相手の出自が制約をうけたことにも関係するかもしれないとする。(2) しかし、松尾光氏は持統太上天皇によって病弱な文武天皇死没に備えて文武の事実上の皇太子として決められていたとし、(3) 東野治之氏は氷高が文武の后妃的立場に擬されていたとみていて、(4) 仁藤敦史氏も元正が未婚であったのは文武の擬制的な皇后として位置づけられていたからだという。(5) また清水美奈子氏も文武の成人、即位頃に選択肢の一つとして氷高即位の可能性があったと同様に理解している。(6) そして、その時期について成清弘和氏は文武即位時点かその直後のことだと同一視し、(7) 桜田真理絵氏も、持統が嫡系継承を志向して文武を即位させた時点ではなかったかと考えている。(8)

いずれにしても氷高の未婚という措置は、文武の皇太子、皇后としての立場の違いはあるものの文武の万が一の時のことを考えて強いられたものであり、持統によって決められたとしている。そして、それは文武の即位頃だったとしているのである。けれども上記の松尾説に対して、石和田京子氏は、文武が病弱だとする証拠はなく、仮に文武が長命を保てば氷高即位の可能性はなくなる。よって文武不予の慶雲三年（七〇六）十一月以前には求めることはできないとする。(9)

それでは一般的な結婚年齢を過ぎる三六歳の即位まで未婚だったのはなぜか、これに示唆を与えるのが渡辺晃宏氏で、首即位実現のために母となりうる氷高の即位というカードをきれるように独身のままでおかれて、それは持統による画策だったとみている。(10) その時期が渡辺氏は持統だとするから文武即位頃と想定されているのに対して、石和田氏は文武のキサキである石川刀子娘・紀竈門娘の嬪号を削ったということが契機で和銅六年（七一三）十一月のことだとする違いがある。

つづいて論及された桜田氏は、従前の見解を⑴東野・仁藤氏の文武と元正との擬制的婚姻説、⑵石和田氏の婚姻忌避説、⑶松尾・佐藤長門氏の即位想定説に分類評価している。そのうえで、⑴説について、東野氏のあげた論拠である赤漆文欟木厨子からは擬制的婚姻関係は想定できず、仁藤氏の主張する宣命からも同様の関係は成立しないとして除く。⑵について、元正が結婚して出生した場合の男子は文武より優位に立つから結婚を忌避されたとするが、文武の皇子（首）は一世王であり、氷高と天武皇子との子は二世王にしかならないから首を脅かすことはないので成立しないとして、⑶に左袒したいとする。つまり持統は氷高に文武の万が一の場合を考えて、未婚皇女として待機させていた。ただ氷高は王権内に何の足がかりももたないことから、元明が先に即位して氷高の後見役となったうえで、文武の遺児首に確実に帝位を継承させようとして独身を強いた。一方、文武に男子がない場合には、妹吉備内親王と長屋王との間の男子を介して草壁系を創出しようとしたのであると説いている。[11]

文武の即位が一五歳、氷高は一八歳であった。一五歳の弟のキープとして一八歳の姉というのはわかる。しかし、首が即位するまでの中継ぎだとすると、文武の没した慶雲四年時には二八歳となっている。文武から氷高への直接継承であったとしても二八歳まで不婚を強いることがあるのか。現実には事情が変わって元明をはさんでの中継ぎで即位したのは三六歳であるから、聖武即位までキープするという方針があったとすると、最初から三〇歳すぎまで延引することを前提としていたことになる。

氷高の未婚が決められた時期について、著者は妹吉備内親王の長屋王との結婚が確たる目安になるのではないかと思う。吉備の結婚についてては明確ではないが、長子膳夫王が神亀元年（養老八・七二四）二月に無位から皇孫待遇となっていたので従四位下に蔭叙されていることから、「養老選叙令」授位（三四）条の蔭位での二一歳の叙位規定を併考すると、膳夫王の出生は慶雲元年より少し前であろうと思う。かならず姉が妹よりも先に結婚していたということではなく、妹が先だということもあっただろうが、やはり常識的に考えて妹の吉備が結婚した大宝二（七〇二）～三年頃、文武が即位して六年後頃までには、すでに決められていたのではないかと思う。[12]

文武が元明の亡くなるまで長命を保てば、首への直接継承も可能となり元正即位の必要はなくなる。元正未婚の理由はやはり文武のもしもの際の早世に備えてというのが適当な判断ではないのだろうか。ただ、この頃にはすでに首は生まれていたことから、渡辺氏や遠藤みどり氏のいうように氷高は文武皇嗣の擬制母としての即位の可能性を期待されていたということも考えられたのではないかと思う。[13]そうだとすると不比等との関係も重視して、首が生まれた大宝元年から曽孫への継承を願望していた持統が没する大宝二年十二月までを下限にして決定をみたのではなかろうか。持統だとする決定的な論拠はないが、当時にあって朝廷内での発言力を考慮すると持統の可能性が高い。

霊亀元年（和銅八・七一五）九月、氷高は大極殿に即位した。左京職からの瑞亀献上が契機であって、祥瑞で霊亀と改元された。

しかし、この氷高の即位詔は、文武・元明・聖武の宣命詔とは違って異例ともいうべき漢文詔であった。[14]それも至極簡単な短文であったが、それでも広瀬真理子氏は元正即位の正統性を述べたものとして積極的に評価し、[15]井上亘氏も母から娘への譲位にかかわらず問題は起こらなかったように見受けられるとする。[16]その一方で岸俊男氏もいうようにその存在が薄弱であったことによるとの見解もある。[17]聖武の即位では、内外の文武職事官及び五位以上の者すべての後継者に勲位一級を授けるとしたうえで、皇親や多数の官人ら併せて五〇人余に昇叙措置がとられている。元正即位時にはなかったことである[18]。このことなどを併考して聖武即位は待たれたものであったのに比べて、元正即位は政界に期待されたことではなく、元明らによる一時避難的なものであったことを推察させる。

これには遠藤氏がいうように、法的には天皇として即位したら女帝も男帝と同じように皇位継承の再生産を担うべきだとされたものの、実際は天皇の血統というものは男性をとおして受け継がれていくものとの考え方がすでに確立していたことがある[19]。元明が即位してから八年がたっていたが、氷高の即位が政界から挙ってむかえられたわけではなかったことを垣間みせている。

氷高即位の反対の中心は、非草壁皇子系の最有力皇子の長親王[20]か、あるいは穂積親王ともみられるが、二人とも氷高即位の直前に亡くなって氷高即位の障害は除かれた[21]。寺崎保広氏が生母と年齢による序列から最有力であったとする舎人親王[22]だが、佐々木律子氏は長屋王の政治力を抑制する役割を担う元正にとっては身近な存在であった[23]と対称的な理解をとっている。しかし、ここでは詳細に論及しないが、元正と長屋王とは後述するように政治的に連携する関係にあり、元正が長屋王を抑制することは考えられない。元正即位の際には舎人の言動は注視されていたと思う。

二　元正天皇の即位
―首皇太子即位の見送り―

霊亀元年九月、氷高は母元明から譲位されて大極殿に元正天皇として即位した。

『続日本紀』（以下、本書では新日本古典文学大系本を使用）霊亀元年九月庚辰（二日）条にみえる元明の譲位詔には、「因てこの神器を皇太子に譲らむとすれども、年歯幼く稚くして未だ深宮を離れず、庶務多端にして一日に万機あり。一品氷高内親王は、早く祥符に叶ひ、夙に徳音を彰せり。（中略）今、皇帝の位を内親王に伝ふ」とある。

しかし、すでに父文武の即位年齢の一五歳になって元服もし、立太子していたので「年歯幼く稚くして未だ深宮を離れず」とのことは妥当性を欠く。皇太子の首に譲位すべきだとする貴族官人も多かったものと思う。また霊亀元年正月に初めて礼服着用のうえ拝朝し、これを寿ぐように瑞雲が顕れていることは、首の成長を印象づけ早い即位を期待する勢力の演出であったようにも思われる。そして注目されることは、この瑞雲出現を理由に、天下に大赦し、内外の文武官六位以下に一階の昇叙、そして二品穂積に一品、三品志貴親王に二品を授け、さらに四位以下六位以上の官人二三人に昇叙している。これは首の存在を誇示する措置であったし、穂積と志貴への処遇は、氷高即位の天武諸皇子への懐柔の一端と考えられてきているが、そうではなく首の懐柔策と理解することもできるから、首即位への政治的胎動があったともとれる。

元明が即位した時には、首は七歳であったから「齢の弱きに、荷重きは堪へじ」（聖武即位詔・第五詔）であっただろう。でも、ここにきてなぜ元明は皇太子首に譲位せずに元正に中継ぎさせたのか。はじめは文武没死に備えてであったが、先の理由から元明自らが即位したので、首の成長までのことにスライドして長期間の独身を強いていたことへの母の思いからでもあったと思う。吉村武彦氏は、元明は文武即位時の持統のような強い意志から即位させるようなことはしなかったことから、詔の理由は率直な理由であったという[24]。西宮秀紀氏も、首の成長をまつ元明の深慮と、中継ぎとして皇位継承に耐えうる資質を元正がもっていたと譲位詔のいう理由に拠っている[25]。渡部氏は、譲位詔でいう「庶政に憂労し、深く閑逸を求めて」譲位した元明が、一五歳の首が継承すれば自分の意図に反して太上天皇として第一線に立ち続けなければならないし[26]、また施策の課題を解決するには一五歳の首では覚束ないが、王としての資質を備えている三六歳の元正に課題を解決のうえ、孫に譲ってほしいとの祖母の気持ちも否定できないとする(27)。

これ以外にも水谷千秋氏は、元明の胸には息子文武の早逝した痛みが残っていて、孫の首の即位は急がず大事に育てたいという願いがあったとし(28)、成清氏も持統→草壁→文武という嫡系継承がすでに実現されていたので首の即位は急ぐ必要はなく政治的成熟を待とうとしたのだと理解している(29)。また遠山美都男氏は、元明は首が現時点で天皇となるに相応しいか否かを見極め、この決定を元正に引き継いで理想的な天皇に育てあげることを期待したとする(30)。

しかし東野氏は、ただ元正の中継ぎによって単に即位をのばしたということではなく、元正がかつて文武の皇后的立場にあったことから詔文にもみえるように元正と首とは母子の関係にあったのであり(31)、元正を即位させることによって首の後楯とする意味があったとしている(32)。また石和田氏もこの東野氏の見解を進めて首の母が皇族でないという劣性を克服するために元正を即位させて、元正と首を擬制母子とする意図があったとした(33)。同様に久保田涼哉氏も、歴代天皇の母は皇族であるが、首の母藤原宮子は皇族ではない。このことで首の即位は群臣から反対されることになる。そこで皇女の氷高を即位させ「我子」とする擬制的親子関係を結ぶ必要があったとする(34)。たしかに元正は聖武のことを「吾が子みまし王」（第五詔）、「我子天皇」（第一〇詔）とかよんでいる。山下信一郎氏もほぼ同じように、首の母が皇族でないことに対する反感や舎人・新田部親王が存在していることから、元明から首への譲位は厳しい情勢となり、元明は元正に中継ぎの任にあたらせ、自らは太上天皇となって首と皇権を守護して首への継承を万全なものとすることを図ったとしている(35)。

これらの見解があったうえで、的確にまとめたのが森公章氏の意見であろうと思うので、少し長いが紹介してみよう。森氏は、前掲の元旦拝朝、祥瑞の出現など首の存在を印象づける舞台が準備万端で、文武も一五歳で即位しているから首が即位してもおかしくはなかったはずで、「幼く稚くして」ともあるものの、氷高は父草壁・母元明であり、父文武・母宮子の首よりも皇族の血筋が貴いうえに草壁直系の尊貴性のうえからも上位であったことに加えて、元正と首は擬制母子の関係であり、首は元正を介して草壁直系の地位を継承するためであったと理解している。[36]

つづいて興味ある見解を示すのが前述の石和田氏で、氏はさらに前掲理由のほかに、首は文武と同じ一五歳であったが、文武即位時と違ってすでに「大宝戸令」が施行されて正丁年齢が二一歳と規定されており、律令遵守のうえからも成年年齢に達していなかった首の即位は見送られて元正が即位したとする。[37]たしかに「戸令」だけでなく、「大宝選任令」（「養老選叙令」）にも蔭位による官人の出身年齢は二一歳との規定があって、このことが影響したことも否定できない。しかし、首が二一歳になる養老五年（七二一）の十二月に元明は没している。譲位詔に「今、精華漸く衰へて耄期斯に倦み、深く閑逸を求めて高く風雲を踏まむとす。累を釈き塵を遺ること、脱屣に同じからむとす」とあるから、早く太上天皇として元正をサポートできるうちに譲位して、首の成長までは元正に託して、首即位後は元正に太上天皇としてのサポートを期待したということに納得できる。

それでも東野氏もいうように、首の若さを理由とするのは説得的ではなく、氷高の即位は不可解だと思われる。[38]これについても興味ある説が提示されている。

それは元明と不比等との敵対関係を前提にして、元明が首の即位による不比等の権力掌握を防ぐためであったとする美多実氏の意見である。不比等に元明から首への直接継承を願う気持ちがあったとするのはありうることであろう。美多氏は首が十分に成長しており、いまさらあえて仲（マヽ）継ぎの女帝を必要とする条件はなかったという。元正と首は受禅者として競いあう関係であったから、不比等は元明に譲位と首即位の圧力をかけたものの、元明は氷高

と長屋王の重用で対抗して首を排除し、自らの娘氷高（元正）に譲位して再び変則的な仲継《マヽ》女帝政権を作ったとする。(39)

ただ美多氏の主張は、和銅七年正月には氷高に封戸千戸を加増して即位が予定されていたが、まだその時には首は元服・立太子（半年後の同年六月）していなかったのであるから、元正と首との間に即位をめぐる競いあいがあったとは考えられないとの中嶋治代氏の否定する見解がある。(40)加えて、氷高即位は前述するような首の母の出自による劣性を克服するために元正を先に即位させ、元正＝首の擬制母子を設定して首即位反対派を納得させるとの石和田・山下・久保田氏らの現状の研究傾向によって評価されてはいない。

しかし、上述した現状で肯定されている考論を否定するわけではないが、美多氏の意見も一考に値するのではないかと思う。翌年には首は父文武が即位した一五歳になることから、首即位を望む政治勢力に対抗していち早く元正の即位を意識して封戸を加増したとする理解もありうるから、中嶋氏のいうところは有力だが決定打にはならない。

著者は、元明による元正即位は、宮子を母とする首が即位して藤原氏の権力が拡大することを嫌っていた結果ではあったと思う。首が光明子を妃にむかえ、のちの親藤原氏的な言動をみれば納得できる。元明が没する際のことであるが、『続日本紀』養老五年十月丁亥（十三日）条にもあるように、元明は長屋王と藤原房前のみを召し入れて、自分の死によって起こるかもしれない「不虞」の事態に備えて、諸公卿官人に喪事をひかえて平常どおりに勤務することを求め、近侍官や五衛府などに周衛伺候して厳戒態勢をとることを命じている。これはつとに論じたように、元明が元正・長屋王と対立して首の早い即位を願う藤原武智麻呂らの動向に備えることを指示したものと推察される。(41)

そして元正が首に譲位した契機が白亀出現という祥瑞であったが、これは藤原麻呂が献上したものであったことに注目される。これもすでに詳論したように（第二章）、これまで麻呂は不比等政権復活のための養老改元の端緒となった美濃国当耆郡多度山での大瑞である美泉湧出を演出している。さらに聖武即位後も長屋王の打倒と新政権の樹立を正当化する天平改元（七二九）の端緒となった「天応貴平知百年」の七文字を甲羅に刻字した瑞亀出現の大瑞、神亀四年正月と天平四年正月の中瑞である白雀の献上など、養老元年から天平四年までの祥瑞八回のうち七回も左京大夫として表奏している。つまり、この白亀という祥瑞現出は、元正の譲位を促して聖武即位の動機とするための麻呂ら藤原氏の工作であって、もしこのことがなければ元正の在位がつづき聖武の即位はまだ先のことになったはずである(42)。

また天平十六年二月に聖武の遷都を前提とする紫香楽宮行幸中に、元正が橘諸兄をして難波を皇都とする勅を宣じさせている。これなども元正と聖武との間に政治的な乖離のあったことを示している(43)。

このような諸事を遡及させて勘案することには問題もあるだろうが、元正は首をどのように思っていたのだろうかということが気になる。首即位を急ぐ反対派を説得させるために擬制母子の関係を結び、首の成長を待って太上天皇として後見することに納得していたのだろうか。即位時の元正の思いはわかりかねるが、宮川麻紀氏はのちに長屋王と妹の吉備を死に追い込んだ聖武のことに複雑な思いを抱いていた可能性もあるが、死ぬまで常に聖武を我が子になぞらえフォローしていたようだとする意見を述べている(44)。

三　元正天皇即位の主導者

それでは、この元正即位を誰が推進したのか、権臣の藤原不比等がどのように対応したのかもふくめてきわめて重要な問題である。文武没後時に、幼少の首への継承を考えれば、有力な継承者である長親王ら天武諸皇子らへの傍系継承は絶対に避けなければならないから、そのためには祖母の「皇太妃」阿閇（元明）の即位しか方法がなかったはずである。

けれども、元正の即位は首への継承をかならずしも確約するものではない。上田正昭氏が不比等は首の即位を望んでいたとするように、(45)心底では首の早い即位を望んでいたのは当然であるが、死後の元正在位中の首の皇太子としての地位は決して保証されたものではない。血脈からいえば、元正にとっては首より尊貴性の高い従兄で義弟の長屋王や長屋王と妹吉備所生子の甥で、吉備の子女に限り特例として皇孫とする措置がとられていた膳夫王への継承もありえないことではない。膳夫王は、神亀元年二月に無位から従四位下に昇叙している。先の「大宝選任令」の出身は二一歳との規定からすると聖武と同年齢の可能性もある。現実に武智麻呂・宇合・麻呂ら兄弟が、聖武の皇嗣としての膳夫王の存在を危険視して排除するために長屋王の変の陰謀を企んだことを思えば、(46)可能性として捨てることはできない。

坂本太郎氏は、藤原氏主導のために不比等が進めたとし、(47)高島正人氏は不比等が元明と十分な相談のうえでのことであったする意見で、(48)また松尾氏は不比等も孫首への橋わたしであればと氷高の即位に反対しなかったという。(49)

不比等が元正即位を容認した理由を考えるについては、なぜ元明が首ではなく先に元正に継承したかの理由と重複することになるが、笹山晴生氏は、元明や不比等は皇族でない母をもつ首即位への皇族や官人の抵抗を考慮して、元正を即位させて首の即位をのばしたとする。(50)これには皇位継承の争いを回避しようとしたてだてとする上田氏、(51)首の即位を潔しとしない勢力を考慮したという倉本一宏氏らの同調する意見がある。(52)古市晃氏も「天武諸皇子が健在で無視できない」、「実母が皇族出自でなかった」との二つの理由をあげている。(53)栄原永遠男氏は皇親勢力や貴族たちの反発を考慮して、あえて首即位を強行せずに事態の推移を見守る余裕が不比等にはあったとする。(54)そして宮澤和穂氏は、不比等は首の即位後に元正に太上天皇として共治体制を組ませ、やがて首と光明子との間の皇子の祖母にあたる女帝としての経歴をもたせるためと思い、これに妻県犬養橘三千代も積極的に協力したとする。(55)

不比等が積極的に行動しなかったとするのは早川庄八氏で、光明子がまだ後宮に入っていなかったことに理由があるとしている。(56)たしかに『続日本紀』天平宝字四年（七六〇）六月乙丑（七日）条の「光明太皇太后崩伝」には「勝宝感神聖武皇帝儲弐とありし日、納れて妃としたまふ。時に年十六」とあるから、光明子が後宮に入ったのは霊亀二年のことである。けれども実際に妃となって後宮に入ったのが元正即位の翌年のことであっても、父不比等、そして母三千代の元明からの信頼を考慮すれば、(57)すでに聖武妃となることは決定事項でもあったと推察できるから首肯できるか疑問ではある。不比等には孫の首以外に外戚となる存在はいないから、元明からの直接の継承を望まなかったという判断はできない。その不比等が首即位を強硬に進めずに元正の即位に同意したのは、元明の元正継承への強固な意志があり、太政官も不安定であったことをも斟酌して、元明との対立を避けたのではなかろうか。また不比等には持統の引級によって現在の地位を得たという思いがあり、元明―元正への恭順という意識があったからではなかろうか。

いずれにしても中嶋氏が元正と藤原氏には血縁・婚姻関係がないことから、元正登極の主体は不比等ではないとするように、[58]不比等が主体的に動いていないとすれば、元正即位の主体は元明しかいなくなる。南部曻氏は、元正の実母である元明が後楯だとしている。[59]中嶋氏は、元明は娘元正に対して首即位後に太上天皇として、そして後見役として皇権を共有する役割を果たすことを望んで譲位したという。

けれども文武には皇后候補者となるべき適当な皇女がおらず、宮子から生まれた唯一の首の即位は文武即位の時点から予想が立てられていたとの説もあり、[60]すくなくとも元明の即位時点では「此食国天下は、（中略）みましの父と坐す天皇の、みましに賜ひし天下の業と、詔りたまふ大命」（第五詔）と、この皇位は文武が聖武に与えたものであると元明がいっていることから直系継承者としての首への継承が既定路線であった。よって、中嶋氏のいうように太上天皇としての後見を前提としての元正の即位は必要だったのだろうか。元明は譲位六年後の養老五年まで生存しているから、もう少し頑張ればよかったのではないかと思うが、氷高が即位を前提に独身を強いられていたという事実も考慮すれば何ともいえない。

上述の不比等の行動を考えると、元正即位の主体は元明の意志によるものであったことはほぼ間違いないが、[61]元正自身もすでに早い時点で、元明の意図をうけて不比等ら首への継承に対抗して自らの即位の意志を固めていたのではないか。元正の即位詔には、「朕、欽みて禅の命を承けて、敢へて推し譲らず。祚を履み極に登りて、社稷を保たむことを欲ふ」[62]とみえている。直木孝次郎氏他訳注は、「しいて他の人を推して自分は譲ることをせず、天子の位について国家の安泰をはかろうとした」と現代語訳している。[63]「しいて他の人を推して自分は譲ることをせず」には、しいて他の人、つまり首の即位を推さず、譲らずに自らが即位するという元正の固い決意がうかがえる。元明の譲位詔で、首が「年歯幼く稚くして未だ深宮を離れず」といった現況が多くの貴族官人間で共有されていたのであれば、「敢へて推し譲らず」との決然たる表現をする必要はなかったのではないか。即位に際してのこの元正の発言の背後には、首の即位を模索する一派がいて、彼らに対しての厳然としたメッセージであったように理解することはできないだろうか。

四　元正天皇即位への過程

それでは、氷高の即位が現実になっていくのは、いつのことからだろうか。

その兆しとなるのが、即位の前年、和銅七年正月三日に二品の長・舎人・新田部、三品志貴親王に封戸二〇〇戸、長屋王に一〇〇戸を加増していることである。田租半給の令規定があるにもかかわらず特別に全給している。本来二品は六〇〇戸、三品は四〇〇戸、長屋王は従三位で一〇〇戸であったから大幅な加増であった。これは氷高即位をひかえて、有力な継承候補者を懐柔する処遇であったと考えられるが、首の即位への懐柔であることも否定できない。この直後の二十日に二品であった氷高に千戸を加増している。氷高は二品とはいえ女性であるから封戸は半減の三〇〇戸であったので例外的な加増措置であった。渡部氏も「氷高への譲位の準備を進めたもの」[64]とし、また久保田氏も皇位継承にむけての基盤づくりであったとみて間違いないとするように[65]、これは即位を前提にしたものとして理解してよい。

しかし、一方で首の行動も看過できない。この前後のことを時系列にあげると、ⅰ和銅七年正月二十日―氷高に封戸千戸加増、ⅱ同七年六月二十五日―首元服、立太子、ⅲ翌同八年（霊亀元）正月元旦―首礼服着用して拝朝、その際に瑞雲現出、ⅳ同八年正月十日―二品穂積に一品、ⅴ同日―氷高にも一品、ⅵ同八年正月十一日―泉・水主・長谷部内親王に封戸一〇〇戸加増、ⅶ同八年正月二十五日に三品吉備内親王所生男女の皇孫待遇ということになる。

ⅳⅵ、どちらかといえばⅶもそうであるが、これらは氷高・首双方の即位への対応ともとれる。ⅰⅴは氷高即位への、ⅱⅲは首即位への対応ととれる。

うがった見方かもしれないが、元明が氷高即位を前提にⅰの措置をとったために、首の即位を望む勢力がⅱⅲの措置で対抗したとも考えられる。そこで元明がⅴで氷高即位を決定的にする対抗手段をとったと推察できないこともない。けれどもⅰⅴのことやⅶの措置が前述の意図からとられたことを併考すると、氷高即位を前提としていたことは間違いないと思う。よって、氷高即位への準備過程でのⅱⅲの事実をどのように理解すればよいのか。皇太子がいるなかで、頭越しに氷高を即位させることはたしかに尋常ではないようにも思われる。

この点について、仁藤氏は氷高が立太子することなく、首を廃太子にすることもなく即位したことについて、氷高は首の親として即位したためであったとし(66)、広瀬氏も肯定する(67)。この理解に対して石和田氏は、元正が在位中に首の立太子があるべきなのが自然であるが、首の立太子が早かったのは元明が在位中に早く尊貴な天武諸皇子ら皇位継承有力者の可能性を断ち切って首の安定した継承をはかろうとしたことにあったと主張する(68)。

仁藤氏のいうことではこの事実を納得できないが、石和田氏の主張には納得できる。元明の意図であったことは否定しないし主的な役割を果たしたものと思うが、元明からの直接継承を目指した首推戴派がこの時だからこそ、これに対応して首の存在を元明の継承者として明確かつ確固たるものにしたいという誇示行為だったということもあったのではないかとも考えられる。

翌霊亀元年正月元旦、ⅲのあとに、ⅴの氷高を一品とすることがなされている。もうこれは氷高即位をみすえた具体的な処遇であったといってよい。二品穂積に一品、三品志貴に二品を叙品、翌日に三品泉内親王、四品水主（天智皇女）・長谷部内親王（天武皇女）に各封戸一〇〇戸を加増する措置がとられたのも懐柔の追加策であろう。

また同正月二十五日に三品吉備内親王（長屋王との間）の子女を皇孫待遇としたのも姉氷高の即位の妹吉備への配慮だと思うが、ただそれだけではない。前述したように元明としてはまず氷高を即位させて首への継承を目論んでいたのであるが、文武のように首が亡くなることをも考えないではなかった。首への継承が見通せていない現状では、首の代わりとするために同じ孫である吉備の息子膳夫王などを念頭に皇孫待遇という措置をとったものと推考される。そして五月には小規模で国守の異動もあるが、左右大弁と八省では中務・宮内卿（他に兵部卿・造宮卿）という天皇に近い職掌の異動があった。これなども同元年九月の氷高即位後のことを配慮したものであった可能性がある。

このように氷高即位への対応がとられていたが、六月四日に一品長が、七月二十七日に一品穂積が亡くなっている。とくに長の母は天智皇女であって、珂瑠皇子（文武）の立太子時にも有力なライバルでもあったことがあるから氷高即位への障害の一つが消えたことになる。氷高の近い即位はもう決まっていたものの、それが何時になるか、この長らの死は、氷高の即位が九月二日に決定した主的な理由になったものと思う。

おわりに

以上、元正即位をめぐる政治的な問題として、なぜ、いつから未婚を強いられることになったのか、またなぜ首に先だって即位したのかについても先行論文を参考に考察してきた。持統や阿閇（元明）にとって草壁皇太子の唯一の男子である文武は虎の子であった。しかし、病弱であったのかどうかは別にして文武の死没のことも考えて、その保証として氷高を未婚のままキープすることにした。一五歳の文武のスペアーとして一八歳の氷高を保証とすることは十分にありうる。また文武即位の四年後、大宝元年には文武の息子として首、そして同じ頃には石川刀子娘に男子が誕生していたから、氷高は文武が没するとその皇位を受けつぐということだけではなく、首らへと皇統をつなぐことの役割も自ずと生じたのである。

このことを考えれば、氷高を未婚とする方針は文武の即位後から大宝二年までに持統を中心に文武・阿閇・氷高らの間で決められたのではなかろうか。ところが、いざ文武が亡くなると、予定していたとおりに進まず氷高の即位はかなわなかった。傍系への継承の好機とみた天武諸皇子らの氷高即位の反対が根強くあったのである。そこで阿閇は孫への継承のためにも皇太妃としての地位をアピール、常識をやぶって母ではあるものの息子文武の皇位を継承することにして天武諸皇子たち反対派の言動を制したのである。

この元明の即位によって氷高の文武後継という未婚理由はなくなった。けれども、元明がいつまで在位するかのこともあったが、首への中継ぎとして即位するということへの可能性も現実味がでてきたのである。現実に元明は首に直接に皇位を譲らずに氷高に継承させた。

この件についてなぜだったのか、首がすでに立太子し父文武即位時の一五歳に達していたから疑問である。多くの研究成果を摘記すると、首の母が皇女ではなかったことから反対する勢力があり、その劣性を克服するために氷高（元正）を即位させて天皇とし、首をその元正と擬制母子として反対派を説得することにあったとする理由に収斂してきている。

たしかに元正と擬制母子とすることによって、首の劣性を克服するという理由もあったかもしれない。前述したように元正は聖武のことを「吾が子みまし王」、「我子天皇」とかよんでいる。しかし、元明も「我子」（第五詔）、「我が児我が王」（第七詔）とよび、また光明太皇太后も淳仁天皇（大炊王）のことを「吾が子」（第二五詔）としているので、父からの継承ではないという不安を払拭するために母に代わる権威ある者が皇嗣者を保証するためのものであって、とくに元正と聖武のみを母子とすることによって、聖武母系の劣性を克服して反対派を説得することを意義づけるものではなかったような気がする。加えて、首は元正即位前に立太子し、元旦の拝朝も行ない、これを寿いで天下への大赦や広範な叙位を行なって皇太子としての存在を誇示している以上は、すでに首即位の路線は確定しているのであって、いまさら元正と首を擬制母子とする効果は大きくなかったのではないかと思う。

また、不比等も足許の太政官が相次ぐメンバーの死没で欠員が生じてはいるものの補充がままならない政治事情もあり元明とおもてだっての対立を避けていたことから、首の即位を強く主張できなかったこともあって、元明は元正の即位を強行できたのであろう。ただ諸説のなかで石和田氏の主張は一考に値すると思うが、なお検討の余地があるように感じる。

短絡的ではあるが、元明には、文武の、また自分のスペアとしても長い間重要な役割を強いられながらも皇太子という正式な地位も与えられず、ただ単なる二品の内親王の地位にあまんじてきた娘に首推戴派の反対を押しきってでも即位させたいという母としての贖罪の気持ちもあったのではないかと思う。そして元明が譲位を考えた時、皇親政治を志向していたことから藤原氏の台頭を望んでいなかったので、元正を天皇として、やがて首が即位することになるにしても元正に太上天皇として聖武（首）と藤原氏を抑制することを願っていたのではないかと推考する。そのことが元明の気持ちとして顕在化したのが、死を目前に元正と長屋王、そして武智麻呂らと乖離する房前という皇親政治を意向する三人に託した本文中でも触れた遺言ともとれる詔ではなかったかと考えている。

註

(1) いまは顧みられないが、井上光貞氏は皇位継承上の困難な事情のある時、皇后が即位する慣行があって、八世紀に出現した女帝は変質したものであり、女帝全てに共通の特色を求めることは非歴史的だとする（「古代の女帝」『日本古代国家の研究』岩波書店、一九六五年）。旧態依然の理解なのかもしれないが、著者はこの井上氏の見解はまだ十分に生命を保っていると思う。久保田涼哉氏は「中継ぎ」論について、「即位した理由」と「即位した意義」を分けて考えて、どのような役割、そしてどのような業績を果たしたのかを検討すべきであると説いている（「元正天皇について」『皇学館史学』三七号、二〇二二年）。後者のみを検討したうえで、前者の検証を軽視して論じることには難点がある。これは佐藤長門氏のいうように「中継ぎ」とは、皇位継承上の分脈のなかでのみのことであり、「王としての資質に関する概念ではないとする」（「史実としての古代女帝」『日本古代王権の構造と展開』吉川弘文館、二〇〇九年、初出二〇〇四年）との主張に収斂される。そして吉川敏子氏は、女帝は自らの皇族としての血だけをもって子孫に皇位を伝えることを認められていなかった。このような制約下での即位となると、それは皇位継承上、「中継ぎ」といわざるを得ない。「養老継嗣令」皇兄弟子条の「女帝子亦同」との本注は、女帝と男帝を同等とするための一文とする見解があるが、これは親王の待遇を認められる親族が子に限定されることを意味していると解すべきで、そもそも男帝・女帝の差を想定していないのであれば、かかる本注は不要であるという（「女帝と皇位継承」『史聚』四一号、一九九四年）。著者は吉川説が至当な理解ではないかと考えている。

(2) 渡部育子『元明天皇・元正天皇』（ミネルヴァ書房、二〇一〇年）一四一頁。

(3) 松尾光「元正女帝の即位をめぐって」（『白鳳天平時代の研究』笠間書院、二〇〇四年、初出一九九六年）。

(4) 東野治之「元正天皇と赤漆文欟木厨子」（『日本古代史料学』岩波書店、二〇〇五年、初出一九九八年）。

(5) 仁藤敦史『女帝の世紀』（角川書店、二〇〇六年）一二六～一二七頁。

(6) 清水美奈子「奈良時代における皇位継承」（『京都橘大学大学院研究論集』四号、二〇〇六年）。

(7) 成清弘和『女帝の古代史』（講談社、二〇〇五年）一五九頁。

(8) 桜田真理絵「未婚の女帝と皇位継承―元正・孝謙天皇をめぐって―」（『駿台史学』一五六号、二〇一六年）。

（9）石和田京子「元正天皇即位の背景とその意義」（『史学研究集録』三二号、二〇〇七年）。

（10）渡辺晃宏『平城京と木簡の世紀』（講談社、二〇〇一年）一三三頁。

（11）註（8）桜田前掲論文。

（12）氷高の生年は天武九年、古代女性の初出子を生む平均年齢が一九〜二〇歳であったこと（直木孝次郎「額田王の年齢と蒲生野遊猟」『続日本紀研究』三三一号、二〇〇一年）を併考すると、吉備の生年は天武十二年頃で氷高の三歳妹となって常識の範囲内におさまる。亀田隆之氏は、吉備は遅くとも大宝三年には長屋王に嫁して、慶雲元年に膳夫王を生んでいた（「親王・王の子の叙位」『日本古代制度史論』吉川弘文館、一九八〇年、初出一九六二年）とする。

（13）遠藤みどり氏は、元明・元正は草壁皇統の後継者である首の即位を確実にするために即位したとする（『日本古代の女帝と譲位』一四六頁、塙書房、二〇一五年）。

（14）城﨑陽子氏は、元正の漢文の即位詔を詳細に検討して、即位宣命に共通する《現神》と《忠臣》という構図が描かれていない、不改常典の語句がなく、天命思想を踏襲する「祥瑞」を呈示して即位を保障し正当性をアピールしている、宣命体でなく漢文体であったのは《現神》ではなく、《君主》を演出するための表現に必要だったと結論づけている（「万葉の時代―元正即位詔を視点として―」『国学院雑誌』一〇三巻一一号、二〇〇二年）。

（15）広瀬真理子「元明天皇と元正天皇」（『東アジアの古代文化』一二八号、二〇〇六年）。

（16）井上亘「元正女帝期政権論」（『日本古代天皇と祭儀』吉川弘文館、一九九八年、初出一九九二年）。

（17）岸俊男「元明太上天皇の崩御」（『日本古代政治史研究』塙書房、一九六六年、初出一九六五年）。

（18）翌年正月の定例叙位まで待つことになる。昇叙者は長屋王・長田王、佐伯百足・猪名法麻呂・多治比広足・大伴祖父麻呂・小野牛養・土師大麻呂・美努岡麻呂らだけの少人数であった。これらは元正に近い官人であった可能性が高い。議政官の粟田真人・阿倍宿奈麻呂・巨勢麻呂や武智麻呂をはじめとする四位クラスに昇叙はなされていない。

（19）註（13）遠藤前掲書、一五八頁。

（20）長の母は天智皇女の大江皇女で尊貴性が高い。直木孝次郎氏が『懐風藻』葛野王伝から実証したように、持統による孫珂瑠皇子（文武）立太子に際しても有力な対抗者であった（『持統天皇』一五〇頁、吉川弘文館、一九六〇年）。

(21) 松尾光「元正女帝はなぜ即位できたのか」（『古代の豪族と社会』笠間書院、二〇〇五年）。
(22) 寺崎保広「元明天皇即位に関する覚書」（『奈良史学』三七号、二〇二〇年）。
(23) 佐々木律子「元正天皇期の政権構造」（『年報新人文学』一五号、二〇一八年）。
(24) 吉村武彦『女帝の古代日本』（岩波書店、二〇一二年）一六五頁。
(25) 西宮秀紀『奈良の都と天平文化』（吉川弘文館、二〇一三年）四七頁。
(26) 渡部育子「律令制下の女帝─元明天皇・元正天皇─」（『秋大史学』六三号、二〇一七年）。
(27) 註（2）渡部前掲書、一四八頁。
(28) 水谷千秋『女帝と譲位の古代史』（文藝春秋、二〇〇三年）一六〇頁。
(29) 註（7）成清前掲書、一五六頁。
(30) 遠山美都男『古代日本の女帝とキサキ』（角川書店、二〇〇五年）一七一～一七二頁。
(31) このことについては仁藤敦史氏も、同様に理解して首肯している（「聖武朝の政治と王族」『高岡市萬葉歴史館叢書』一四号、二〇〇二年）。註（5）仁藤前掲書、一二七頁。
(32) 註（4）東野前掲論文。
(33) 註（9）石和田前掲論文。
(34) 註（1）久保田前掲論文。
(35) 山下信一郎「元明天皇・元正天皇」（『奈良の都』清文堂出版、二〇一六年）。
(36) 森公章『奈良貴族の時代史』（講談社、二〇〇九年）一四六頁。
(37) 註（9）石和田前掲論文。
(38) 註（4）東野前掲論文。
(39) 美多実「元正天皇の即位事情」（『日本歴史』三九四号、一九八一年）。
(40) 中嶋治代「元正女帝の登極とその背景」（『史流』二五号、一九八四年）。
(41) 木本好信「藤原武智麻呂」（『藤原南家・北家官人の考察』岩田書院、二〇一九年、初出二〇一七年）。

（42）木本好信「聖武天皇の即位と藤原麻呂の画策」（『政治経済史学』六六三号、二〇二四年）。
（43）直木孝次郎「天平十六年の難波遷都をめぐって」（『飛鳥奈良時代の研究』塙書房、一九七五年、初出一九七〇年）。
（44）宮川麻紀「元明天皇と元正天皇」（『人物で学ぶ日本古代史』2、奈良時代編、吉川弘文館、二〇二二年）。
（45）上田正昭『古代日本の女帝』（講談社、一九九六年）一八九頁。
（46）木本好信「長屋王と政権の実態」（『米沢史学』五号、一九八九年）。中川收「長屋王とその王子たち」（『政治経済史学』三〇〇号、一九九一年）。
（47）坂本太郎『日本全史』2（東京大学出版会、一九六〇年）一五六〜一五七頁。
（48）高島正人『藤原不比等』（吉川弘文館、一九九七年）二一二頁。
（49）註（21）松尾前掲論文。
（50）笹山晴生「藤原不比等」（『奈良の都』吉川弘文館、一九九二年、初出一九六六年）。
（51）註（45）上田前掲書、九一頁。
（52）倉本一宏『奈良朝の政変劇』（吉川弘文館、一九九八年）四三頁。
（53）古市晃「平城京女帝考」（『歴史読本』五五巻六号、二〇一〇年）。
（54）栄原永遠男『天平の時代』（集英社、一九九一年）二九〜三〇頁。
（55）宮澤和穂「元正女帝即位の背景と県犬養橘三千代」（『東アジアの古代文化』一二八号、二〇〇六年）。
（56）早川庄八『律令国家』（小学館、一九七四年）二四〇〜二四二頁。
（57）県犬養橘三千代は、天武朝より持統・文武・元明朝まで天皇に仕えて忠を尽くして、和銅元年十一月の元明の大嘗祭のおりに忠誠を嘉して酒杯に浮かべた橘の実に因んで橘宿禰の姓を賜っている。その後も元正、そして聖武の乳母としても仕えて、天平五年四月に没した。葬送にあたっては散一位に准じるという特別の処遇をうけている。
（58）註（40）中嶋前掲論文。
（59）南部舁「女帝と直系皇位継承」（『日本歴史』二八二号、一九七一年）。
（60）河内祥輔『古代政治史における天皇制の論理』（吉川弘文館、一九八六年）六九〜七〇頁。

(61)　氷高の即位を決定なさしめたのは、一品への叙品である。叙品は天皇大権にもとづくものとの今江広道氏の研究がある（「律令時代における親王・内親王の叙品について」『書陵部紀要』三三号、一九八二年）。この氷高の一品叙品が元明の天皇大権によるものであるなら、氷高の即位は元明の主導であることが明確となる。

(62)　『続日本紀』霊亀元年九月庚辰条。

(63)　直木孝次郎他、東洋文庫『続日本紀』1（平凡社、一九八六年）一七四頁。

(64)　註（2）渡部前掲書、一四〇頁。

(65)　註（1）久保田前掲論文。

(66)　註（31）仁藤前掲論文。

(67)　註（15）広瀬前掲論文。

(68)　註（9）石和田前掲論文。

第二章　聖武天皇の即位と藤原麻呂の画策

—元正天皇と藤原武智麻呂との政争一齣—

はじめに

神亀元年（養老八・七二四）二月、首皇太子は元正女帝からの譲位をうけ、即位して聖武天皇となった。この時、元正は四五歳、首は二四歳、元正が亡くなるのは、天平二十年（七四八）四月の六九歳の時であり、病気で体調がすぐれないということでもなかった。よって元正が首に譲位したのが、なぜこの時であったのか、またどんな理由からであったのか、この元正の譲位、聖武の即位には、何かしらの政治的背景があるのではないかと思う。

本小論では、聖武の即位という奈良時代においての重大な事柄であるにもかかわらず、いままであまり触れられることのなかった、このことについて焦点をあわせて概述する。

一　聖武天皇の即位理由

聖武の即位詔（第五詔）には、聖武が元正からの言葉を引いて、以下のように述べたことが『続日本紀』神亀元年二月甲午（四日）条にみえている。

「坐す間に去年の九月、天地の貺へる大き瑞物顕れ来り。又四方の食国の年実豊に、むくさかに得たりと見賜ひて、神ながらも念し行すに、うつしくも、皇朕が御世に当りて、顕見るる物には在らじ。今嗣ぎ坐さむ御世の名を記して、応へ来りて顕れ来る物に在るらしと念し坐して、今神亀の二字を御世の年名と定めて、養老八年を改めて、神亀元年として、天日嗣高御座食国天下の業を、吾が子みまし王に、授け賜ひ譲り賜ふ」と詔りたまふ天皇が大命を、頂に受け賜り恐み持ちて、辞び啓さば天皇が大命恐み、被賜り仕へ奉らば拙く劣くて知れること無し。進むも知らに退くも知らに、天地の心も労しく重しく、百官の情も辱み愧しみなも、神ながら念し坐す。（後略）

つまり、元正が「自分は母の元明天皇から聖武に皇位を譲るようにとの付託された詔に従って中継ぎとして即位し、遠からず皇太子に皇位を授けようと思っていたが、去年の九月に天地から賜った大瑞（白亀）が出現した。この大瑞は、朕の世のために出現したものではなく、皇太子の徳に応えて天地が出現させたものである。そこで養老八年を神亀と改めたうえで、皇位を譲る」と仰せになるので…、元正の仰せを辞退するのも恐れ多いが、天地の心も重大に思うので、自分は即位することにした…とある。

この時、聖武は立太子してから一〇年がたっている。元正が即位した霊亀元年（和銅八・七一五）は一五歳であったから、父文武天皇が一五歳で即位していることを思うと、政情が異なるとはいえ元正をかならずしも中継ぎとして即位させる必要はなかった。元明が太上天皇として擁護してもよいし、もう少しの期間を在位して、さらに聖武の成長を待ってから譲位してもよかった。このように考えれば、元正の即位理由が問題となるが、これについては元明と藤原不比等の思惑をもふくめて、また検討の必要性があろう(1)。

しかし、養老四年（七二〇）八月の不比等没後に藤原氏の氏長となった武智麻呂らは、不比等の死の影響から従兄弟である聖武の早い即位を願っていたに違いない。前年六月に皇太子の聖武が初めて朝政を聴いたことは、即位を意識した行為であることを示している。元明と元正はそのような政治動向に備えて、同五年には右大臣長屋王と、藤原氏から参議朝政の房前を取り込んで内臣に任じるなどした皇親体制で対抗しようとしていた(2)。

一方、すでに武智麻呂らの具体的な行動は、同五年正月の大納言阿倍宿奈麻呂の死欠補充に際して長屋王に近い同族阿倍広庭の任用が当然視されていたものの、武智麻呂に近い大納言に昇任した多治比池守の同族多治比三宅麻呂を参議に押し込むなど画策したもので、両者の間には政争が現出していた。渡辺晃宏氏は不比等が亡くなったことで、皇親勢力と藤原氏勢力との水面下での抗争の構図が浮かび上がってきたとしている(3)。

この件に関してはすでに詳細に論じたことがある(4)。この武智麻呂らの画策は、翌同六年正月に元正と長屋王らの巻き返しで、三宅麻呂は謀反を誣告した、穂積老は元正を非難したということで斬罪に処せられることになって挫折した。老が元正を非難したというのは、元正の退位を要求したものとの理解がある(5)。老は、武智麻呂が式部大輔在職時には少輔、卿に昇任すると同じように大輔に昇任した親武智麻呂派の官人であった。三宅麻呂・老は首皇太子のとりなしで遠流に減刑されたが、その直後には三宅麻呂の後任に長屋王派でのちに中納言に昇任する広庭が順当に登用されている。この事件は、長屋王の変の前兆として理解される。

このように同五年正月頃から武智麻呂らの反元正の動静がみられるようになり、政情は波乱ぶくみとなっていた。元正が、同五年二月に「風雲の気色、常より違ふこと有り。朕が心恐懼りて日も夜も休まず。（中略）故に、政令事に便あらぬこと有らば、悉く陳べて諱むこと无かれ。直に言して意を尽し、隠す所有ること無かれ。朕、親り覧む」(6)と公卿官人への意見を求め、同五年三月には「王公・卿士と豪富の民とは、多く健馬を蓄ひて競ひ求むること限り亡し。（中略）遂には相争ひて闘乱を致す。其れ、条例を為りて限り禁めしめよ」(7)と蓄馬を制限する命令を下すなど、硬軟両方の方針をとっているが、これらは武智麻呂らへの牽制であったと考えられる。

政治的緊張のなかにあって、元正・長屋王らの皇親体制派にとって、同五年五月になって太上天皇の元明が病気になったことは焦燥する出来事であった。そして、元明は同五年十月になって以下の『続日本紀』養老五年十月丁亥（十三日）条にみえるような遺言ともとれる詔を発している。

太上天皇、右大臣従二位長屋王、参議従三位藤原朝臣房前を召し入れて、詔して曰はく、（中略）また、皇帝、万機を摂り断ること一ら平日と同じくせよ。王侯・卿相と文武の百官と、輙く職掌を離れて、喪の車を追ひ従ふこと得ざれ。各、本司を守りて、事を視ること恒の如くせよ。その近く侍る官幷せて五衛府は、務めて厳しき警めを加へ、周衛伺候して不虞に備へよとのたまふ。

この条文をみれば、元明が自分の死後には「不虞」が起こるかもしれない。それに備えて、長屋王と房前だけをとくに呼びよせて、元正は普段どおりに政治を執り、長屋王には王侯・卿相・文武百官が「本司を守りて、事を視ること恒の如く」すること、そして房前には元正の近くに侍る者と五衛府は「不虞」の事態に備えて「務めて厳しき警めを加へ、周衛伺候」することの管掌を命じている。これは元明という重しがなくなると、岸俊男氏が元明ほどその存在意義があったとは思えず、東野治之氏が権力基盤が弱かったという元正では(8)「不虞」な事態が出来するかもしれない。これに備えて厳重な警衛を長屋王や房前に命じたものであるが、元明の意図には、「不虞」を起こす可能性のある具体的な人物の存在が念頭にあったということである。それが武智麻呂らであるのは間違いない。

また、この元明の命令直後の十日余後、今度は元正自らが房前に「凡そ家に沈痼有らば大きも小きも安からずして、卒かに事故を発すといへり。汝卿房前、内臣と作りて内外を計会ひ、勅に准へて施行し、帝の業を輔翼けて、永く国家を寧みすべし」(9)と詔して、鎌足をイメージする内臣に補任している。この内臣の「内外を計会ひ、勅に准へて施行し、帝の業を輔翼け」る具体的な職掌(10)については明確ではないが、いずれにしても藤原氏の氏長であった武智麻呂を措いて、房前を側近として最も信頼していたことを明示しており、瀧浪貞子氏が元明・元正が、長屋王と親密な房前を皇親体制に取り込み、武智麻呂と対抗させようとしたもので、藤原氏の分裂さえ期待したと理解した(11)ことも納得できるような状況にあったものと推察できる。

元正と長屋王の武智麻呂らへの政治的な攻勢があったが、それが前述した養老六年正月の武智麻呂派の参議多治比三宅麻呂と穂積老の遠流であり、直後の三宅麻呂後任への長屋王派の阿倍広庭の登用である。

このような武智麻呂らと、これに対抗する元明らの政治的行動とをみてみると、皇親体制の維持を目的とする元正・長屋王らと、藤原氏の独自政権を志向する武智麻呂らの政争は、不比等の没後から房前の皇親体制への取り込みをふくめて顕在化しており、武智麻呂らが政治的に優勢となる最上の方策として考えていたのが、元正の退位と首の早い即位であったと推考されるのである。首の即位への準備は、すでに不比等生存中の養老三年六月には初めて朝政を聴くなどして進められてきていた。

二　聖武天皇即位への陰謀と藤原麻呂

養老八年二月になって、元正が首皇太子に譲位する契機となったのは、前述のように白亀という大瑞の現出であったのだが[12]、この祥瑞の出現が前節に記したように元正・長屋王ら皇親体制と政争状態にあった武智麻呂ら藤原氏が首皇太子の即位によって、政治権力獲得にむけて事を優勢に進めるための画策であったことは容易に推考できる。長屋王が元正のために演出したものと理解し、それに依拠して首の即位阻止を企図したものとの説[13]もあるが、結果的には首の即位理由となっているわけであるから藤原氏の策謀とするのが最も穏当な理解であろう。では、この白亀現出を主導したのは藤原氏の誰かということになる。

この大瑞の白亀は、同七年九月七日に出現したのだが、同七年十月癸卯（十一日）条には、「左京の人无位紀朝臣家、白亀を献る。長さ一寸半、広さ一寸、両の眼並に赤し」とあって、左京に住まいする紀家が捕獲献上したものとわかるから、左京職をとおして献上されたと思われる。時の左右京大夫は藤原麻呂であった。そこで、この前後の祥瑞献上についてみてみると、左記の表のようになる。

麻呂が左右京大夫に就任したのは、同五年六月のことであるから、同八年二月から天平四年正月までの祥瑞に麻呂の関与が指摘できる。「養老儀制令」祥瑞（八）条には、大瑞はただちに表奏すべきこととみえている。正月を待って寿ぐための上瑞以下の大和・河内両国の以聞もあるが、改元にいたる大瑞はかならず麻呂が関わっている。

その後の改元、天平感宝への改元は大仏造顕に係わっての陸奥国からの黄金産出、天平勝宝は孝謙天皇即位による代始改元、天平宝字は藤原仲麻呂の工作だと思われる駿河国の蚕児が瑞字を表したことなど、大瑞よる改元に京職が関わっていないことを勘案すると、やはりこの麻呂生存中の大瑞のすべてが麻呂の主導する出来事であったとして間違いないし、重視する必要がある。

かつて論じたように、養老改元は太政官構成員七人のうち五人の病死によって、右大臣不比等と中納言阿倍宿奈麻呂の二人だけになって、政権は瓦解寸前という状況下で行なわれた。不比等が死欠を補充できなかったのは、有力諸氏らの思惑から代表者の選出が調整できずにきたからだと思われるが、二人となって思いきった政権の再建が必須となった。そこで不比等は出身間もない麻呂を美濃介に補任して、事前に国守笠麻呂や国司・郡司・豪族などと謀らせながら[14]、養老元年（霊亀三・七一七）九月からの元正の美濃国への行幸中での当者郡多度山からの美泉出現という大瑞を画策したのである。祥瑞が現出することは、天皇の政治が理想的であって、それに天地が感応したものであり、時の為政者によって治政が正当化される方便となっていたのである[15]。

不比等は政権の危機にあたって、天神・地神が政権と施政を正当化する方便である祥瑞出現を企画して、壬申の乱より天武皇統に親しい環境にあって協力を得やすかった美濃国での美泉出現を麻呂に策謀させて、政界の反対派を抑えて、娘婿長屋王を一挙に大納言に、中納言に多治比池守ら三人を登用するなど、新たな太政官を構成して政権を成立したのである。このように麻呂は祥瑞をとおして父不比等政権成立の工作の中心にいたのである[16]。

祥瑞期	改元	祥瑞献上者	祥瑞物	祥瑞別
霊亀三年（七一七）十一月	養老	美濃国	美泉	大瑞
養老八年（七二四）二月	神亀	左京人	白亀	大瑞
神亀三年（七二六）正月	—	京職	白鼠	—
〃	—	大和国	白亀	—
神亀四年（七二七）正月	—	左京職	白雀	中瑞
〃	—	河内国	嘉禾	下瑞
神亀六年（七二九）六月	天平	左京職	亀	大瑞
天平四年（七三二）正月	—	左京職	白雀	中瑞

また神亀六年の天平への改元については、河内国古市郡人の賀茂子虫が獲た背に「天王貴平知百年」の七文字を負う大瑞とされた亀を、これも「京職大夫従三位藤原朝臣麻呂らい、図負へる亀一頭献らくと奏し賜ふに」[17]とあるように麻呂が献上している。河内国司ではなく京職の麻呂から献上したのは、かねてより宇合と懇意であったと推測される唐僧道栄の「訓導」があったからであった。

この天平改元の背景には、「神亀」からイメージする長屋王の存在を払拭して、無実の長屋王を打倒した兄武智麻呂を中心とする藤原氏新政権の正当性が天神・地神によって認知されたということを天下に広く知らしめようとする政治的意図があった。また、この祥瑞による政治的勢いによって五日後に光明子を立后させて、さらなる藤原氏の権勢を確固なものとしている。

麻呂は、このように天人相関説による祥瑞を画策して、藤原氏が政治的な苦境から脱して新たな発展へと展開するという時機に重要な役割を果たしているのである。

おわりに

上述のように霊亀三年以降の改元をふくむ祥瑞の出現を麻呂が主導し、なかでも不比等政権の確立、そして武智麻呂中心の藤原氏政権成立の契機を演出した事実を勘案すると、首皇太子の即位と神亀改元の要因となった養老八年二月の左京人である紀家の白亀献上に左京大夫麻呂の関与は当然視される。

武智麻呂らは、前述したように養老六年初頭には多治比三宅麻呂・穂積老をめぐって、元正や長屋王を主体とする皇親政治体制との政争で挫折を味わった。

この政治的劣勢を挽回する方途として、最も有効な方策は元正の退位、そして首皇太子の即位しかない。元正と藤原氏には血縁関係はまったくない。元正にとって、自分は草壁皇太子と元明太上天皇の娘で、文武天皇の実姉であるとの自意識がある。しかし、首は甥とはいうものの、藤原宮子の子で皇統としての血脈は半分でしかない。母の元明は実の孫である首の即位を期待し、その実現のために自らが即位した。そして、その責務の後継を娘の元正に託したのであるが、元正自身は母元明ほど首の即位に固執せず、長屋王を中心に、藤原氏の弱体化を策し房前を内臣に登用するなどして、自身の治政（皇親政治体制）の継続を考えていたのではなかろうか。

武智麻呂は、この不利な政治状況を挽回する方策として、元正の思惑を断念させるうえで、首の即位するきっかけとして、祥瑞による政治情勢の転換を謀って、経験豊富な麻呂が紀家に指示して大瑞の白亀出現を企み実行、首即位の大勢を醸成して、聖武のもとでの藤原氏の政治権力の伸長を果たしたのではないだろうか。

註

（1）元正天皇の即位について、笹山晴生氏は他の皇族や官人層の不満が存在していたとし（「奈良朝政治の推移」岩波講座『日本歴史』古代三、岩波書店、一九六七年）、首皇太子への直接の即位を藤原不比等らが控えたことについて、早川庄八氏は光明子がまだ入内していなかったからだとする（『律令国家』二四一頁、小学館、一九七四年）。また美多実氏は、元明天皇が不比等の専制政治を阻止すべき手段として元正即位を進め首皇太子の即位を先送りしたと理解している（「元正天皇の即位事情」『日本歴史』三九四号、一九八一年）。そして、中嶋治代氏は将来の首の共同統治者となるべき必然性から登極したとし（「元正女帝の登極とその背景」『史流』二五号、一九八四年）、宮澤和穂氏も同様に考えている（「元正女帝即位の背景と県犬養橘三千代の思惑」『東アジアの古代文化』一二八号、二〇〇六年）。さらに松尾光氏は病弱な文武天皇の即位と同時に代行者として即位が前提とされていた（「元正女帝の即位をめぐって」『白鳳天平時代の研究』笠間書院、二〇〇四年、初出一九九六年）、渡辺晃宏氏は首の母が皇族でないことから即位に疑義がでた場合、正当化するために首の母となりうる元正が即位したとする（『平城京と木簡の世紀』一三一～一三二頁、講談社、二〇〇一年）。加えて石和田京子氏は、元正の即位は首の立太子以前から構想されていて、首が「養老選叙令」授位条に規定する成人年齢の二一歳に到達することが必要とされたとする（「元正天皇即位の背景とその意義」『史学研究集録』三二号、二〇〇七年）などの諸説がある。詳細は第一章。

（2）『続日本紀』養老五年十月丁亥条。

（3）註（1）渡辺前掲書、一七五頁。

（4）木本好信「藤原武智麻呂と多治比三宅麻呂・穂積老配流事件」（『史聚』五〇号記念号、二〇一七年）。

（5）中川收「養老六年の多治比三宅麻呂誣告事件」（『政治経済史学』一〇八号、一九七五年）ほか。

（6）『続日本紀』養老五年二月甲午条。

（7）『続日本紀』養老五年三月乙卯条。

（8）岸俊男「元明太上天皇の崩御」（『日本古代政治史研究』塙書房、一九六六年、初出一九六五年）、東野治之「元正天皇と赤漆文欟木厨子」（『日本古代史料学』岩波書店、二〇〇五年、初出一九九八年）。

（9）『続日本紀』養老五年十月戊戌条。

（10）吉川敏子「奈良時代の内臣」（『律令貴族成立史の研究』塙書房、二〇〇六年、初出一九九七年）。

（11）瀧浪貞子「参議論の再検討」（『日本古代宮廷社会の研究』思文閣出版、一九九一年、初出一九八六年）。

（12）元明が氷高内親王（元正）に譲位したのも、和銅八年八月に左眼が白く、右眼が赤く、背に七星を負った瑞亀が献上されて、翌月に和銅から霊亀に改元されたのが契機であった。

（13）大山誠一『長屋王家木簡と奈良朝政治史』（吉川弘文館、一九九三年）一四一頁。大久保あゆみ「聖武天皇の即位と左大臣長屋王」（『政治経済史学』三七〇号、一九九七年）。

（14）早川万年「元正天皇の美濃行幸をめぐって」（『岐阜県立歴史資料館報』二〇号、一九九七年）。

（15）東野治之「飛鳥奈良朝の祥瑞災異思想」（『日本歴史』二五九号、一九六九年）。

（16）木本好信『藤原北家・京家官人の考察』（岩田書院、二〇一五年）一七六〜一八一頁。
（17）『続日本紀』天平元年八月癸亥条。

第三章　孝謙女帝中継ぎ試論
―母后光明皇太后からみた娘孝謙女帝―

はじめに

ジェンダー論の高揚とともに、古代女帝の存在についての研究が日本史の論点・争点として話題になっている。[1]そのなかで、持統女帝をはじめ元明・元正両女帝らは天皇として男帝と何ら変わらない天皇権力をふるっていたとして、女帝だからと性差を前提とする「中継ぎの天皇」と見做すべきではなく、女帝個々の資質を検討する必要があるとの視点から荒木敏夫[2]・義江明子[3]・仁藤敦史[4]氏らに代表される多様な論説がみられる。

一方、このような研究動向に対して、持統、孝謙・称徳両女帝を対象とする著書もある瀧浪貞子氏は、性差排除に捕らわれすぎては古代女帝の実態からかけ離れる、「女帝は明らかに男系社会の所産であり、男帝と変わらない存在としたのでは歴史性を無視した理解となる」[5]と警鐘を鳴らしている。また成清弘和氏は、男子の継嗣が優先されており、女子は次善との認識があるとし[6]、また佐藤長門氏は、荒木・義江・仁藤三氏の所説をとりあげて批判したうえで、天武・持統嫡系継承の維持を目的に擁立したもので、王位継承という点からみれば、主体的ではあるものの「中継ぎ」（資質の概念ではない）という役割であったと反論している。[7]そして、吉川敏子氏も「養老継嗣令」

皇兄弟子（一）・王娶親王（四）条の法意などの検討から、女帝は自らの皇族としての血だけをもって子孫に皇位を伝えることが認められておらず、かかる制約下での即位は中継ぎといわざるをえないとする。[8] 桜田真理絵氏も元正・孝謙両女帝は草壁嫡系継承護持を確実にし、その血統を維持するために中継ぎの天皇として即位したとする。[9]

著者は、古代女帝を一括して総体的に「古代女帝論」などと称して論じることは、すでに早く井上光貞氏が「女帝すべてに共通の特色を求めることは非歴史的だ」[10]といったように、もう死語ではあるがナンセンスなことであると思う。義江氏もいうように「女帝個々の資質」を重点とした議論はもちろんであるが、その点で久保田涼哉氏が「即位理由」と「即位した意義」をわけて考えるべきだとすること[11]を念頭に、さらなる女帝個別の詳細な考察の必要性があると考えている。

そこで、「女帝論」にはかならずしも関心をもたなかった著者ではあるが、本小論では孝謙だけを対象に、母后光明皇太后の視座からを重視して自分なりの考察を略述しようと思う。

一　孝謙女帝と天皇権力

光明が娘孝謙をどのようにみていたのかを論じるにあたって、まず橘奈良麻呂の変での出来事から考えてみよう。『続日本紀』天平宝字元年（七五七）七月庚戌（四日）条には、奈良麻呂の変に関して、事情をしっている佐伯全成を勘問した時、全成は天平十七年（七四五）に聖武天皇が難波で病床にあって容態が悪化して、すべての孫王を参集させるという非常事態となった際に、奈良麻呂から、「陛下、枕席安からず、殆ど大漸に至らむとす。然も猶、皇嗣立つること無し。恐るらくは、変有らむか。願はくは、多治比国人・多治比犢養・小野東人を率ゐて、黄文を立てて君とし、以て百姓の望に答へむことを」と、クーデターへの参加を要請されたと自白している。

これは奈良麻呂ら反藤原氏派の貴族官人から天平十年正月にすでに立太子していた阿倍内親王（孝謙）が皇太子として認知されていなかったことを明示していると理解するのが通説である。ただ異論もあって、元正を例として、次の皇嗣が定まっていれば女性といえども即位が可能なのであって、奈良麻呂がこのような発言をしたのは、独身の阿倍皇太子に伝えるべき皇嗣のいないことへの主張であったかもしれないとする見解[12]もある。しかし、大炊王という皇太子が決定した後もクーデターを計画・実行しつづけようとしたことを考えれば通説によるのが正しい[13]。奈良麻呂がクーデターを実行しようとしたのは、黄文王の即位を願っていたのに、光明と孝謙、そして藤原仲麻呂が強引に大炊王を皇太子に擁立したことへの反対が原因であり、孝謙が女性であったことからではないとの理解もある。だが、すでに天平勝宝元年（七四九）七月に、やはり聖武の譲位をうけての孝謙即位に際しても、再びクーデターを起こそうとしたことがあったから、やはり奈良麻呂のなかには女帝は認められないとの意識があったものと推察することができる。

また奈良麻呂らのクーデター計画が漏れた天平宝字元年七月二日時の対応について、『続日本紀』天平宝字元年七月戊申（二日）条には、まず孝謙が「王等・臣等の中に礼無く逆なる人ども在りて計るならく、大宮を囲まむと云ひて私の兵を備ふと聞こし看して（中略）此の状悟りて人の見咎むべき事わざなせそ」といい、またこの詔の直後に光明も右大臣藤原豊成以下の群臣を召し入れて、「如是の醜事は聞えじ。（中略）諸明き清き心を以て皇が朝を助け仕へ奉れ」との詔を発して思いとどまるように命じている。しかし、これで終息したわけではないようで、翌三日になって『続日本紀』己酉（三日）条には、光明がクーデターの中心である奈良麻呂をはじめ塩焼王・安宿王・黄文王・大伴古麻呂ら五人を呼びつけて、「塩焼ら五人を人謀反すと告げたり。（中略）何を怨めしき所としてか然為む。（中略）今往く前然な為そ」と再度厳しくクーデター抑止の詔を仲麻呂から伝宣させている。この事実は、孝謙よりも光明により一層事を荒立てないよう穏便に済ませたいという気持ちがあったからであろうが、孝謙よりも光明により大きい政治的発言力があったからだとも推測することができる。

さらに、奈良麻呂の一派として藤原永手らから訊問された小野東人は、クーデターの計画について白状しているが、その具体的なことは、

『続日本紀』同年七月庚戌（四日）条に、

兵を発して内相（藤原仲麻呂）の宅を囲み、殺し劫して即ち大殿を囲み、皇太子（大炊王）を退けむ。次に、皇太后宮（光明）を傾けて鈴・璽を取らむ。即ち右大臣（藤原豊成）を召して、号令せしめむ。然して後に、帝（孝謙）を廃して、四の王（塩焼・道祖・安宿・黄文王）の中を簡ひて、立てて君とせむといへり。

とみえている。

これによって奈良麻呂らの計画は、まず仲麻呂を殺害し、皇太子大炊王を追放したうえで、光明が保持する御璽と駅鈴を強奪した後に、豊成をして事態を収拾させたうえ、孝謙を廃位して、塩焼王ら四王から選んで新帝を立てるというものであったことがわかる。つまり奈良麻呂らの目的は、仲麻呂と大炊王の排除、皇権発動に必要な御璽の入手であって、ほぼクーデターが成功した後に孝謙を廃するというものであった。このことを考慮すると、奈良麻呂らにとって孝謙の存在は思いのほか軽薄なものであったことがわかる。

そして、注目されるのは「皇太后宮を傾けて鈴・璽を取らむ」とあることである。この解釈については異論[14]があるものの、新日本古典文学大系『続日本紀』三が、皇太后宮に鈴璽があったということは、当時、天皇大権の実質がここ（光明皇太后の許）にあったことを示すと記し[15]、直木孝次郎氏も水谷千秋氏もいうように皇権の発動は孝謙

ではなく、実質的には母后の光明によってなされていたのである[16]。仲麻呂を殺害し、光明の拘禁に成功したとしても、孝謙に政治権力があったとすれば、この間に衛府の兵士を動員して、奈良麻呂らクーデター派をかならず鎮圧することが予想される。そのことに思いが及ばない奈良麻呂らではなかろう。仲麻呂を殺害され、母の光明まで拘束され、鈴璽を強奪されても、孝謙に鎮圧する実行力のなかったことを奈良麻呂らは見極めていたということである[17]。

加えて、とくに留意されるのが、この時に御璽を光明が保持していたということである。そして、その後に御璽・駅鈴は、『続日本紀』天平宝字八年九月乙巳（十一日）条に、「孝謙太上天皇が中宮院に住む淳仁天皇の許にある御璽・駅鈴を回収（奪取）した」とあることから、淳仁が保持していたことがわかる。このことから推測して、御璽・駅鈴は、聖武在位中はもちろん聖武が、聖武が孝謙に譲位しても孝謙に譲渡されずに太上天皇の聖武の許にあり、聖武没後には光明が受け継ぎ、天平宝字二年八月の即位とともに淳仁に継受されていたことがわかる。聖武→孝謙→光明→（孝謙）→淳仁という過程は考えられないから、孝謙は即位してから太上天皇時代をふくめても一度も御璽・駅鈴を掌中にしていないことになる。

この事実は、中川收・岸俊男両氏らも指摘したように、孝謙即位とともに聖武が仏道修行[18]によって政務を光明に委ねていて[19]、そして光明が紫微中台（紫微令仲麻呂）を通じて政治力を発揮していたという政治状況[20]に合致する。いずれにしても、御璽・駅鈴を保持することができなかった孝謙が天皇権力を発揮していたとは思えない[21]。

そして、御璽を掌中にしていない孝謙には詔勅を渙発することはむずかしかったのではなかろうか。淳仁在位の期間に発給された詔勅数を『続日本紀』などにみると、後述するように太上天皇の孝謙によるものは三〜四件ほどで少なく、それも口勅が多いが、これは御璽を保持しておらず正式な手続きをへた発給ができなかったからであろう。

二　光明皇太后と政治権力

次に注視したいのが、『続日本紀』天平宝字二年六月十六日の出来事で、淳仁の光明からの「即位して十か月後、人臣の心も静まり、また天下を治めることにも日月が重なってきたので、父舎人親王に天皇号を、母当麻山背に大夫人称号を追贈し、兄弟姉妹を親王・内親王とするように」などの仰せを受けた際の詔（第二五詔）である。

淳仁は、光明の仰せを受けるか否かを太上天皇の孝謙に相談をしてはいるが、受けるべきではないとして辞退するようにとの孝謙の仰せに対して、結局はこれを排して光明の「吾がかく申さず成りなば、敢へて申す人は在らじ」との重ねての仰せに従っていることを思えば、孝謙への相談は儀礼的なものであって、初めから従う気持ちがあったかどうか疑わしい。孝謙の発言が淳仁への絶対的なものではなかった。

そして重大なことは、淳仁が『続日本紀』天平宝字三年六月庚戌（十六日）条に、「朕もまた念はく、前の聖武天皇の皇太子と定め賜ひて、天日嗣高御座の坐に昇げ賜ふ物を」とみえて、自分は「聖武天皇の皇太子と定められた」存在だと、諸司主典以上の官人を召集して公言していることである。実態としては、孝謙時代に立太子し、その譲位を受けて即位しているのであるから孝謙の皇太子であることは間違いのないことであるが、すくなくとも淳仁自身は「孝謙女帝ではなく、聖武天皇の皇太子である」[22]との認識をもっていたことは確実である。その意識のなかに実態は別にして、本来の皇位は男帝をもって継承するものとの思いがあったのではないかと思うし、聖武の皇嗣とすることによって自らの権威を高めようとの考えがあったのではなかろうか。この件について、瀧浪氏は「女帝は正統ではないという社会通念が存在する限り、淳仁天皇が正統天皇として即位するには、聖武から皇位を継承する必要があった」と理解している。[23]

これを傍証するのが、以下の『続日本紀』天平宝字二年八月庚子（一日）条の記事で、光明と孝謙に尊号を奉る百官の上表を仲麻呂が代表して発言した文言である。そこには「皇太后、（中略）遂に乃ち欽みて顧命を承けて、皇儲を議り定む」とあって、光明が「顧命」すなわち聖武の遺志を承けて、淳仁を「皇儲」と定めたことがわかる。このことは前掲した天平宝字三年六月庚戌条にも、「太皇太后の御命以て朕に語らひ宣りたまはく、（中略）吾が子して皇太子と定めて先づ君の位に昇げ奉り畢へて」とあって、やはり光明が淳仁を皇太子に決めたとある。淳仁の立太子について、孝謙は不満であった、即位についても十分に合意したものではなかったとの説[24]もあり、義江氏は「孝謙は、太上天皇になってもこれまで通り母光明の教導下にあるしかなかったのである。譲位は孝謙の意に添うものではなかったと推定される」[25]としているから、それだけに光明の主導性が指摘されうる。このことは「聖武天皇の皇嗣として淳仁天皇を定める」ということであったので、聖武亡きあと皇后としての光明が事実上皇嗣を決定したということなのであろう。

すくなくとも淳仁自身だけでなく、仲麻呂も、そして光明も、淳仁は孝謙ではなく聖武の皇太子、つまり聖武から皇位を受け継いだ皇嗣との意識であり、これを官人など政界に周知しようとしていたことが判然とする。

光明は天平十年正月、皇后である自分の背後勢力であった兄達四兄弟が急死したこと、加えて大伴家持らの勢力が推戴しようとした県犬養広刀自の生んだ安積親王が成長してきていたことからの不安から、中川收氏が、「万難を排して安積親王の立太子を阻止しなければならなかった」[26]とするように、皇后権威の保持のうえから阿倍内親王を立太子させ、皇太子・女帝の母后としての権威の強化をはかったのであった。しかし、それは一時的なことであって、独身で直系の皇嗣をもたない孝謙のことを思えば、早くしかるべき男性の皇太子を立てて皇位を継承させ、その新天皇を擁護することの必要性を思っていたに違いない。

そこで光明は、塩焼王・道祖王・（安宿王・黄文王）・池田王・船王などの有力な天武皇孫らのなかで、生家藤原氏の再興を恃んだ仲麻呂の推す淳仁の擁立を図った。その果たした役割については前述したとおりで、聖武の遺志を受けてということで積極的な行動にでたのである。淳仁の即位後も舎人親王々子という傍流であったことを考慮して、前述したように淳仁のために孝謙の反対を押し切って、舎人に天皇としての尊号を追贈、兄弟姉妹を親王待遇にさせて、いわば舎人新皇統を創出するかのような言動をとっている。このことについては中野渡俊治氏も、「舎人親王をも『皇』の列に加えて、『皇祖』化をはかるとともに『皇帝』尊号を追贈することによって、草壁皇子には繋がらない新たな皇統の形成が進められた」[27]と理解している。

光明のこのような言動以外にもう一つの行動として注視されるのが、天武・持統両天皇直系の草壁皇子の嫡系（草壁皇統）を象徴する「黒作懸佩刀」の存在である。この「黒作懸佩刀」の故事については、「東大寺献物帳」（「国家珍宝帳」）に記されていて、日並皇子（草壁皇子）の佩刀で、皇子没後に藤原不比等に、不比等は文武天皇即位時に献上、文武死後に再び不比等に与えられ、不比等没時に聖武に献上され、聖武の没後に光明によって大仏に献納されたというものである。これは草壁皇統の草壁→文武→聖武という男帝の継承を象徴するとともに、この継承に藤原氏（不比等）の深い関与を示している。

しかし、この「黒作懸佩刀」は、正倉院に現存せず、献物帳には「除物」の付箋がある。この「除物」の付箋は、記載の宝物を献物帳から抹消したことを示したもので、天平宝字三年十二月二十六日に出蔵されている。明治四十年（一九〇七）からの調査で大仏の足元から発見された陽宝剣・陰宝剣と一緒に出蔵されたことがしられる。この出蔵時が、前述の淳仁が聖武の皇太子と公言し、また光明の進言によって父舎人に天皇号を追贈した半年後であることから、瀧浪氏は無関係ではないとして、「黒作懸佩刀」の出蔵には、光明が孝謙の草壁皇統に固執する嫡系意識を断ち切るために淳仁に継受させた意図があったとしている(28)。それはもちろん傍系であった淳仁の天皇権威を正統・強化しようとする前述の言動の一つであったことだと推考される。

三　光明皇太后の孝謙女帝即位への意識

母后光明の娘孝謙観について、その認識を推測させるものとして、次に嘱目されるのが『続日本紀』天平宝字六年六月庚戌（三日）条にみえる孝謙の詔文である。ただし、この条文記事は肝腎な箇所の理解で異論があるから、これについて簡潔に触れてみる。まずは現在で最も信頼されている岩波書店刊行の新日本古典文学大系本（岩波本と略す）を掲記してみる。

朕が御祖太皇后の御命以て朕に告りたまひしに、「岡宮に御宇しし天皇の日継は、かくて絶えなむとす。女子の継には在れども嗣がしめむ」と宣りたまひて、此の政行ひ給ひき。

疑問とされるのは、圏点部分の「嗣」である。岩波本は、脚注で底本の蓬左文庫本には「欲令副止」、谷森健男本には「欲命副止」とあるが、このままでは訓めないので、「令」は底本に従い、また「副」は本居宣長の『歴朝詔詞解』の指摘に従って「嗣」の誤写と考え、掲記のように翻刻したとしている。新訂増補国史大系本も、鼇頭に原本の谷森本の「副」を岩波本と同様に『歴朝詔詞解』によって「嗣」に改訂したと注記する。これ以外の翻刻・訓読・訳注などの刊本諸書も、「副」とするものは無く、すべて「嗣」としている(29)。

これに異論を唱えたのが、水野柳太郎氏で、太上天皇の天皇大権行使についての論証過程で、通説は「草壁皇子の子孫には後を嗣ぐべき男子がいないから、女性ではあるが孝謙天皇を即位させる」として、「副」を「嗣」と改めた文章による解釈であるが、宣命体の「女子能継尓波在止母」を、従来の「女子の継には在れども」と読むのではなく、「女子の継ぎには在るとも」と読むのが正当であるとする。そして、「副」を生かして「岡宮天皇の日継は絶えようとしている。女性天皇の後継ぎであるから、孝謙天皇を譲位させて、〔男帝の淳仁天皇を、木本注〕副わせようと思うと云って、この〔淳仁天皇をを（衍）即位させる〕措置をとられた」と理解すべきであると主張した[30]。つまり「在止母」を、「在れども」と読むか、「在るとも」と読むかのことが、「嗣」か、「副」かとの判断材料となる。

「在止母」とは、「在るとも」ではなく、「在れども」が文意にかなっている。『続日本紀』には、「在」の使用例が五五〇例ほどあるが、「在止母」は延暦八年（七八九）九月戊午（十九日）条にみえるのみである。因みに「在止毛」は天平宝字八年九月甲寅（二十日）条に、神護景雲三年（七六九）九月己丑（二十五日）条に二か所、「在等毛」が一か所みえる。いずれも前後の文意から、前言を受けて、反対・否定する後言につづく逆接的に用いられている。よって、「在止母」「在止毛」「在等毛」はすべて「在れども」（〜ではあるが）と読むべきで、「女子の継ぎには在るとも」（〜であるので）と順接的に読む例はない。水野氏のいう意味であれば、「女子の継に（「は」は不要カ）在るによりて副はしむ」などと表記するのではないかと思う。

ただ、水野氏のいうように「嗣」との写本が一本もないから、「副」が本来の「嗣」の誤字であったとはいいきれない。水野氏もとりあげているように、元正が聖武に譲位した際の神亀元年（七二四）二月甲午（四日）条にみえる聖武の詔（第五詔）中にも、元正の言葉を引いて「今将副坐御世名乎記而」（「今〔皇位につけて〕副へ坐さむ御世の名〔年号〕を記して」）とある。これも「副」の部分を「嗣ぎ坐さむ」と意改するのが通説になっているが、やはり本来は「副」であったと水野氏は指摘している。ここでも男帝への継承によって、女帝が譲位して太上天皇となるのにあたって「副」という字が用いられていて共通している。水野氏は、「副」を「嗣」に改める根拠がなく、太上天皇が主として上位にあって、天皇が下位にあることを表現しているものとして、このような両者の関係は持統女帝にはじまるものと結論づけている。

しかし、もしそうだとすると、孝謙と淳仁の関係も、元正と聖武との関係に何ら変わるものではなかったということになる。元明・元正を中継ぎにして一七年間もの長い間、即位を期待していた聖武、淳仁とは文章上の表現には異なることがないことになる。もし「副」だとしても、これは皇権の発揮にあたって、太上天皇が上位にあって天皇が下位にあったということを表現したものではなく、即位当初に限って慣用句的に用いられたものであったのかもしれない。

この該当部分の前後記事をみると、通説では「岡宮で天下を統治された天皇（草壁皇子）の皇統がこのままでは途絶えようとしている。〔それを防ぐために〕女子の後継ではあるが、〔聖武のあとを汝（孝謙）に〕嗣がせようと仰せになり」となるが、これを水野氏の理解だと、「岡宮で天下を統治された天皇（草壁皇子）の皇統がこのままでは途絶えようとしている。女子の後継であるから、孝謙天皇を譲位させせて、（男帝の淳仁天皇を）副わせようと仰せになり」となる。

著者のみるところ、どうみても水野氏の理解には違和感がある。堀江潔氏は、これを天平十年正月の孝謙の立太子時だと理解したうえで、「副」の意味について、「岡宮御宇天皇の日継を支える」ために立太子したのであって継承者（皇嗣）としてではないとして、「副」は淳仁への語ではなく、孝謙を指す語としてみている。(31)桜田氏も、孝謙に草壁嫡系継承を補わせるという中継ぎの意味だとする。(32)また佐藤氏は、この部分について、「父母の判断に従って王統を副え支え、天皇位も父母が決めた相手に継承すればよかった」として、「副える」のが淳仁ではなく、孝謙本人であるとみている。[33]

光明は、「後継にはよい男子がいないから草壁皇統が絶えようとしている」というのであるから、この光明の孝謙への言葉のなかには、皇統とは本来は男子が継ぐべきものとの思いが表れている。何より、この光明の「岡宮に御宇しし天皇の日継は、かくて絶えなむとす。女子の継には在れども（在るとも）嗣が（副わ）しめむ」との孝謙への表白の時期が、堀江氏のいう天平十年正月の立太子時か、天平勝宝元年七月の聖武譲位・孝謙の即位時ともする理解があり、後者が通説であるが、水野氏は天平宝字二年八月の孝謙の譲位・淳仁の即位時と考えている。その理由として、本来このような孝謙への表白は、聖武が告げるべきものであるとの前提のもとに、孝謙即位時であれば、聖武が通告できないほど病状が悪化していなかったのであるから光明が表白する必要がなかった。光明が告げているのは、それは聖武没後の孝謙譲位時からだとするのである。しかし、前述してきたように、聖武は予てから薬師寺宮に入って仏道修行にあけくれて皇権を放棄して光明に委ねるような状況にあったので、[34]光明が代わって孝謙に通告しても何ら不思議な政治状況ではなかったことから、孝謙即位時ではなく、淳仁即位時とする理由にはならない。

著者は孝謙即位時のことであろうと思う。そうすると、淳仁即位時の九年も以前のことになる。九年後の淳仁即位を前提に孝謙に「副」わさせるとの発言はありえない。つまり水野氏のいう、「本来は男帝であるのに女帝を立てたのであるから、即位後のしかるべき時期に男帝を立てて、太上天皇としての孝謙に対して淳仁をして補佐させようとした」と理解することもありえない。在位している途中でもあるのにかかわらず退位させて、「女子であるので、男帝である淳仁を即位させて副わせる」との文言はスッキリしない。そのことは初めからわかっていることであるから、やはり孝謙即位時のこととするのが納得できるのではないだろうか。

このようなことをも勘案・理解して、本居宣長は『歴朝詔詞解』を著わして、これを受けて『続日本紀』の翻刻・訓読・訳注などの刊本諸書も首肯して倣ってきたのであろう。前述したように、光明が淳仁即位時に聖武から継受し保持してきた御璽・駅鈴を孝謙をへずに淳仁に与えたことは、淳仁を孝謙太上天皇に「副」わせるとしたとの理解とは相容れない。通説のように理解してこそ納得できる。

繰り返しになるが、光明の「男子が皇位を継承すべきだが、適当な男子の皇嗣がいないので、本格的な男帝が即位するまで女性ではあるが、草壁嫡系皇統を『守り伝える』べきことから皇位を継承させるのである」との意図からの発言だと理解すべきであると思う。元正の聖武への使用例とも矛盾しない。光明は、『続日本紀』天平宝字三年六月庚戌条で、「吾が子して皇太子と定めて先づ君の位に昇げ奉り畢へて」と発言している。また、これを受けて淳仁自身が前述のように「前の聖武天皇の皇太子と定め賜ひて、天日嗣高御座の坐に昇げ賜ふ物を」といって、自分は孝謙の皇太子ではなく、聖武の皇太子であると発言している(35)ことは、孝謙を中継ぎと思い、本格的な天皇（男帝）ではないとの認識を明示している。このことは光明の孝謙への諸言動、橘奈良麻呂らのクーデター計画からみた存在感の薄弱さや在位中には一度も御璽・駅鈴を手中にしていなかったなどの事実にも適っていて、齟齬をきたしていないことからも間違いないものと思う。たとえ「嗣」ではなく、「副」だとしても、男帝を「副わしめなければならない」孝謙は、男帝と同等の存在ではないと光明はいっているのであることを重視しなければならない。

四　孝謙太上天皇と淳仁天皇の天皇大権

さらに、この六月三日詔で問題となるのは前掲につづく記事で、孝謙は、

但し政事は、常の祀小事は今の帝行ひ給へ。国家の大事賞罰二つの柄は朕行はむ。かくの状聞きたまへ悟れと宣りたまふ御命を、衆聞きたまへと宣る。

と宣言している。「大事賞罰」とは、岩波本は『歴朝詔詞解』をうけて国家の大事である「賞と罰」の二つとする。また「国家大事と賞罰」の二つと解する意見がある。大権の具体的な内容も明解ではないとする見解もあるが[36]、神居敬吉氏は、外交の重要事項、改元・即位・譲位・廃位・立太子・元旦受朝、大嘗会など大祭祀、配流以上の処断、五位以上の叙任などとし[37]、水野柳太郎氏は六国史を検討したうえで「国家大事」とは、皇位継承に関して立后と皇太子の選定、軍事的に進行していた新羅侵攻計画の最終的決定権であり、これに淳仁を関与させないということであったとする[38]。

この孝謙の天皇大権の分離宣言によって皇権は分裂して、淳仁の地位はまったく有名無実となり、天皇権力は孝謙に帰して国政の重要事項は孝謙が掌握したとされた時もあった[39]。

しかし、前述したように(1)天皇権力の象徴である御璽・駅鈴は淳仁が保持しており、(2)内位である五位への昇叙、つまり特別の意味をもつ叙爵については、この孝謙の宣言以前と以後に変化がない。神居氏も政界の力関係に何ら質的な変化が起きていないとし[40]、この点を詳細に検討した斎藤融氏は、㈠親仲麻呂派の官人は全体の三割を越えているのに対して、㈡反仲麻呂的傾向にあると思われる官人は二割程度で、㈢天平宝字元年から仲麻呂政権が崩壊す

る同八年までの間に人数変化はなく、㈣八年間を通計すると親仲麻呂派官人五五人（三三％）、反仲麻呂派官人一九人（一二％）になるとし、「皇権の分裂は叙位には余り関連性は窺えないのだが、そうであるならば、この宣命をめぐっての評価は検討されるべきあろう。ひいては淳仁朝における孝謙の政治的地位についても再考されるべきであろう」と論じている。(41)

さらに⑶太政官構成についても、仲麻呂政権を終始支えてきていた御史大夫（大納言）の石川年足が没している ものの、参議には実弟巨勢麻呂、婿藤原御楯、実子真先と、氷上塩焼らいずれも仲麻呂と死をともにする者に、加えて天平宝字六年十月には実子訓儒麻呂・朝狩、藤原弟貞（山背王）らを太政官に登用して領導力を確固なものとしている。また、⑷八省卿・輔、衛府や地方国司(42)などの人事についても、すでに検証したように仲麻呂の主導性が指摘される。⑸賞罰権についての事例は多くないが、同七年四月の藤原良継を主謀者とする佐伯今毛人・石上宅嗣・大伴家持らの仲麻呂暗殺未遂事件や同七年十二月に露見した中臣伊加麻呂、葛井根道らの左遷・流罪事件の罰権についても、淳仁・仲麻呂によって天皇権力・政治権力が行使されていたことが確認できる。(43)

また、(44)⑹詔・勅の発給数ついても、前述したように淳仁が五〇件前後であるのに対して、孝謙は五件程度であって口勅が多い。これは中野渡氏や仁藤氏の説くように、令には太上天皇の詔勅発給制度が規定されておらず、また御璽を使用できなかったからである。(45)

具体例として、天平宝字八年七月の紀寺の奴の益人が従良を願った際、孝謙は勅で認めたが、氏上の紀伊保は「勅に非ざるか」と勅を疑って異議をとなえたことをかつて指摘したうえで、孝謙の大権行使の薄弱さを主張したことがあった。(46)のちに仁藤氏は淳仁の裁可と内印の押捺がなかったからだとし、(47)中野渡氏は淳仁の裁可が得られてこの問題が解決したとしている。(48)

このようなことを著者は一九九三年に『藤原仲麻呂政権の基礎的考察』（高科書店、初出一九八七・一九八八年）にまとめ、また二〇一一年の『藤原仲麻呂』（ミネルヴァ書房）でも追補した。けれども、その後も孝謙は「大事」と「賞罰」の決定という天皇大権の中枢部分を奪い取って[49]、権限を保持し[50]、皇位継承・軍事・賞罰という大権を掌握し、権力掌握を進めていた[51]、国家大事では孝謙の運用権が優先されることが自明のことであったとの理解もある[52]。

しかし、大筋では一九九二年に刊行された岩波本が補注で、「鈴印は一貫して淳仁の御所である中宮院にあったことを考えれば、孝謙が淳仁を排除して国政を運営していくような体制は、ほとんど整えられていなかった可能性が強い。（中略）国政の主導権は制度的にも実態的にも淳仁側のもとにおかれるようになっていたという見方さえできるのではないだろうか。したがってこの宣命は、（中略）実効力をあまり高く評価できないのである[53]」との見解が示されたことが転機ともなった。

その後、倉本一宏・中野渡両氏による拙説を注記のうえ「淳仁が『国家大事』から疎外されたとは考えられず、むしろ淳仁と押勝側が政治的優位を保っていたと見るべき[54]」で、「国家大事の全てを掌握したものではなく、そこに太上天皇としての限界が示されている[55]」との見解がでてきた。最近になっても佐々田悠氏は「この詔だけで孝謙が権力を掌握できたとは考えられない[56]」、仁藤氏が「実態としては以後も淳仁天皇と太政官の系列が正規の国家意思決定機構として機能している[57]」、吉川氏も「乱直前の孝謙には十分な皇権発動の力は無かったと考える[58]」などの理解が示される研究動向にあることを指摘しておきたい。

孝謙について、光明の目線から天平勝宝年間の在位中、淳仁に譲位してからの太上天皇時代にわたって、とくに天皇大権を行使していたか否かに論点をしぼって、淳仁をも視野に入れて論述してきた。

おわりに

従来からは太上天皇となってからも淳仁に勝る天皇大権を行使して、中継ぎの天皇ではなく、正統な女帝などとするような理解があった(59)。これに対して、直木氏が女帝の多くは男帝となる皇太子が成長するまでの「中つぎの天皇という性格」とし(60)、河内祥輔氏のようにさらに直接的に、孝謙は聖武の死とともに擁立された新しい天皇（淳仁）に譲位しているが、これは中継ぎの役割でしかなかったからだ(61)などとする主張もまた従来からあった。

この孝謙の中継ぎ論と天皇大権については、いささか水かけ論的なところがあり、さらなる具体的な論証が必要であると思う。著者は従前から孝謙、淳仁の天皇大権を構成する事柄について検討した結果を主張してきたが、今回はまとめをかねてさらなる検証を試みた次第である。

太上天皇も天皇と、女帝も男帝の存在と同じであるかどうかは資質によって異なることもあって、総体的に論じて、一概に太上天皇とは、女帝とは「こういうものであった」と論定することはむずかしい。それぞれ政治的状況などによって個々に相違していることを認識すべきである。このことの視点を重要視すべきことを念頭において孝謙に限って本小論をまとめたのである。

註

（1）荒木敏夫他「古代女帝研究の現在」（『日本歴史』七九六号、二〇一四年）など。
（2）荒木氏は、性差を前提とせず、女帝にも政治権力を有して男帝に劣るところのない女帝観を提示した（『可能性としての女帝』青木書店、一九九九年）。
（3）義江明子氏は、元正に注視して、草壁皇統を守るための中継ぎという受動的な女帝像ではなく、国政経験を積んで、聖武を後見した存在の政治的重要性を指摘する（『日本古代女帝論』二〇七頁、塙書房、二〇一七年）。他に『古代王権論』（岩波書店、二〇一一年）や「『女帝中継ぎ論』とは何か」（『図書』七五五号、二〇一二年）などがある。
（4）仁藤敦史氏は、大宝令文が女帝出現を想定して女帝の子・兄弟を皇位継承の可能性のある親王としているのは、女帝実子の即位を想定しており、このことは女帝中継ぎ論では説明できないとする（「古代女帝の成立」『国立歴史民俗博物館研究報告』一〇八号、二〇〇三年）。他に『女帝の世紀』（角川書店、二〇〇六年）などもある。
（5）瀧浪貞子『女性天皇』（集英社、二〇〇四年）二〇七頁。
（6）成清弘和『日本古代の王権継承と親族』（岩田書院、一九九九年）一三八頁。
（7）佐藤長門a「史実としての古代女帝」（『日本古代王権の構造と展開』吉川弘文館、二〇〇九年、初出二〇〇四年）。その後も、八世紀の女帝は嫡系皇嗣に継承する中継ぎ的性格を有していたと女帝中継ぎ論を展開する（b「女帝と王位継承」佐藤信監修『テーマで学ぶ日本古代史』政治外交編、吉川弘文館、二〇二〇年）。
（8）吉川敏子氏は、男帝と女帝は政治上の立場は同等であるが、王位継承上の立場は明らかに異なっていたとする（「女帝と皇位継承」『史聚』四一号、二〇〇八年）。
（9）桜田真理絵「未婚の女帝と皇位継承」（『駿台史学』一五六号、二〇一六年）。南部昇氏も先に、女帝は直系継承と不可分の関係にあるが、直系継承者をもたない孝謙女帝は自らが直系相続を担ったとする（「女帝と直系皇位継承」『日本歴史』二八二号、一九七一年）。
（10）井上光貞「古代の女帝」（『日本古代国家の研究』岩波書店、一九六五年、初出一九六二年）。
（11）久保田涼哉「元正天皇について」（『皇学館論叢』三七号、二〇二二年）。

（12）中川收「聖武天皇の譲位」（『奈良朝政治史の研究』高科書店、一九九〇年、初出一九八三年）。小倉真紀子「橘奈良麻呂の変」（『古代史講義【戦乱篇】』筑摩書房、二〇一九年）。
（13）木本好信「橘奈良麻呂の変の密告について」（『奈良時代貴族官人と女性の政治史』和泉書院、二〇二二年、初出二〇二一年）。
（14）加藤麻子「鈴印の保管・運用と皇権」（『史林』八四巻六号、二〇〇一年）。また「鈴璽とは孝謙天皇自身を暗喩する表現であり、この時孝謙は光明と同居していたことを意味するだけで、光明に皇権があったわけではない」とする見解もある（中西康裕「藤原仲麻呂」『平城京の落日』清文堂出版、二〇〇五年）。
（15）青木和夫他、新日本古典文学大系『続日本紀』三（岩波書店、一九九二年）二〇三頁脚注。
（16）直木孝次郎氏は、皇位は阿倍が継いだが、実質的な皇位は光明が継いだといってよいとする（「天平十六年の難波遷都をめぐって」『飛鳥奈良時代の研究』塙書房、一九七五年）。水谷千秋氏は、光明が譲位した聖武の代行をしていたとする（『女帝と譲位の古代史』一七八頁、文藝春秋、二〇〇三年）。
（17）木本好信『藤原仲麻呂』（ミネルヴァ書房、二〇一一年）一〇二頁。
（18）本郷真紹「聖武天皇の生前退位と孝謙天皇の即位」（『日本史研究』六五七号、二〇一七年）。
（19）註（12）中川前掲論文。岸俊男「天皇と出家」（『日本の古代七、まつりごとの展開』中央公論社、一九八六年）など。近年では、西野悠紀子氏が孝謙は父と母に支配されて独自の行動がとれなかったとし（服藤早苗編『歴史のなかの皇女たち』小学館、二〇〇二年）、遠藤みどり氏も孝謙朝においては聖武が出家のうえ譲位したこともあって、光明が太后権にもとづいて孝謙の後見として権力を行使したとする（『日本古代の女帝と譲位』二五二～二五三頁、塙書房、二〇一五年）。
（20）早川庄八「古代天皇制と太政官政治」（『講座日本歴史』二、古代二、東京大学出版会、一九八四年）。
（21）木本好信「仲麻呂と孝謙上皇、淳仁天皇」（『山形県立米沢女子短期大学紀要』二二号、一九八七年）。
（22）堀江潔「奈良時代における『皇嗣』と皇太子制」（『日本歴史』六〇九号、一九九九年）。
（23）註（5）瀧浪前掲書、一七六頁。瀧浪貞子『最後の女帝孝謙天皇』（吉川弘文館、一九九八年）一一七頁。

(24) 瀧浪貞子『光明皇后』(中央公論新社、二〇一七年)二五三頁。
(25) 義江明子『女帝の古代王権史』(筑摩書房、二〇二一年)二一四頁。
(26) 中川收「称徳孝謙天皇」(『北海道私学教育研究協会研究紀要』一五号、一九六八年)。
(27) 中野渡俊治「孝謙太上天皇と『皇帝』尊号」(『古代太上天皇の研究』思文閣出版、二〇一七年、初出二〇〇二年)。
(28) 註(24)瀧浪前掲書、二六〇頁。
(29) 朝日新聞社本(佐伯有義、一九四〇年)、訓読本(今泉忠義、臨川書店、一九八六年)、完訳注釈本(林陸朗、現代思潮社、一九八七年)、東洋文庫本(直木孝次郎他、平凡社、一九九〇年)、講談社学術文庫本(宇治谷孟、一九九二年)、『続日本紀史料』(皇学館大学史料編纂所、皇学館大学出版部、二〇一〇年)など。
(30) 水野柳太郎「奈良時代の太上天皇と天皇」(『奈良史学』一三号、一九九五年)。
(31) 註(22)堀江前掲論文。
(32) 註(9)桜田前掲論文。
(33) 註(7)佐藤前掲論文b。
(34) 註(12)中川前掲論文。中川收「孝謙朝前期における天皇の政治的役割」(『北海道産業短期大学紀要』四号、一九七〇年)。
(35) 堀江氏は、淳仁が自ら孝謙朝に聖武の皇太子として立てられたという意識をもっていたことは疑いないとする(註(22)堀江前掲論文)。江渡俊裕氏も光明が孝謙の協力が得られない状況下で、淳仁を正統に位置づけるために直系皇統からの要請で結びつけようとしたもので、これによって淳仁は直系皇統の正統な後継者となったとしている(「『続日本紀』天平宝字三年六月庚戌条をめぐる試論」『史聚』五六号、二〇二三年)。仁藤氏は、淳仁が孝謙の皇太子ではなく聖武の皇太子とされているのは、淳仁が皇統系譜上の擬制として聖武の娘孝謙を皇后格として位置づけているものであって、擬制的夫婦関係を想定することが可能だとする(『女帝の世紀』一二九頁、角川書店、二〇〇六年)が、にわかに信じがたい。同様に理解するものに松尾光氏の論文があり、淳仁は孝謙の入婿となって聖武皇統を継承したとする見解がある(「淳仁天皇の后をめぐって」『白鳳天平時代の研究』笠間書院、二〇〇四年)。詳細は第五章。

（36）中野渡俊治「八世紀太上天皇の存在意義」（『古代太上天皇の研究』思文閣出版、二〇一七年、初出二〇〇四年）。
（37）神居敬吉「天平宝字六年六月の宣命」（『国史談話会雑誌』二二号、一九八一年）。
（38）水野柳太郎「国家大事について」（『続日本紀の諸相』塙書房、二〇〇四年）。
（39）野村忠夫「仲麻呂政権の一考察」（『岐阜大学学芸学部研究報告（人文科学）』六号、一九五八年）、岸俊男『藤原仲麻呂』（吉川弘文館、一九六九年）三六〇頁、鈴木靖民「高野天皇の称号について」（『国学院雑誌』七七巻九号、一九七六年）、笹山晴生『奈良の都』（吉川弘文館、一九九二年）一三五頁など。
（40）註（37）神居前掲論文。
（41）斎藤融「仲麻呂政権について」（『法政史論』一二号、一九八五年）。
（42）河合ミツ氏の研究によると、仲麻呂の内乱直後の国司の守・介の遷替は三六か国で五〇人にのぼるという（「仲麻呂の乱後における国司の異動」『続日本紀研究』一九九号、一九七八年）。そのうち仲麻呂派官人として解任されたのを確認できるのは半数の二五人だが、実数はさらに多いと思う。
（43）中川收「続紀天平宝字七年十二月丁酉条について」（『続日本紀研究』六巻八号、一九五九年）。註（21）木本前掲論文。木本好信「仲麻呂と孝謙上皇、淳仁天皇補論」（『山形県立米沢女子短期大学紀要』二三号、一九八八年）、註（17）木本前掲書、二五一〜二七七頁。
（44）小谷博泰氏は、孝謙の宣命は漢文訓読語の特徴があり、少数の者の手によって成ったものだと指摘する（「宣命の作者について」『甲南大学紀要』二五号、一九七七年）。
（45）註（36）中野渡前掲論文。仁藤敦史『藤原仲麻呂』（中央公論新社、二〇二一年）二一〇頁。
（46）註（43）木本前掲論文。
（47）仁藤敦史「太上天皇制の展開」（『古代王権と官僚制』臨川書店、二〇〇〇年、初出一九九六年）。
（48）註（36）中野渡前掲論文。
（49）吉川真司『聖武天皇と仏都平城京』（講談社、二〇一一年）二三〇頁。
（50）註（30）水野前掲論文。

（51）古市晃「孝謙・称徳天皇」（『平城京の落日』清文堂出版、二〇〇五年）。
（52）勝浦令子『孝謙・称徳天皇』（ミネルヴァ書房、二〇一四年）一七四頁。
（53）註（15）青木他前掲書、補注二四―一九。
（54）倉本一宏『奈良朝の政変劇』（吉川弘文館、一九九八年）一六六頁。
（55）註（36）中野渡前掲論文。
（56）佐々田悠「奈良時代の争乱」（『古代史講義』筑摩書房、二〇一八年）。
（57）仁藤敦史「孝謙・称徳天皇」（『人物で学ぶ日本古代史』2、奈良時代編、吉川弘文館、二〇二二年）。仁藤氏は註（45）前掲書二一〇～二一一頁でも同様のことを論述する。
（58）吉川敏子「京・畿内の兵乱」（『軍事と対外交渉』雄山閣、二〇二二年）九三頁。
（59）佐藤宗諄「女帝と皇位継承法」（『日本女性史』第一巻、東京大学出版会、一九八二年）。
（60）註（16）直木前掲論文。
（61）河内祥輔『古代政治史における天皇制の論理』（吉川弘文館、一九八六年）九五頁。

第四章　道祖王立太子についての一試論

―聖武太上天皇遺詔の意図と背景―

はじめに

『続日本紀』天平勝宝八歳（七五六）五月乙卯（二日）条には、

是の日、太上天皇、寝殿に崩りましぬ。遺詔して、中務卿従四位上道祖王を皇太子としたまふ。

とみえていて、聖武太上天皇が死の直前に娘孝謙女帝の後継として新田部親王々子の道祖王を皇太子に指名したことがしられる。

この聖武の道祖王立太子指名については、なぜ道祖王であったのか、その指名の政治的背景などの詳細はまだ明らかになっていない。本小論では、従来からの研究成果を参考に、「このようなことであったかもしれない」との試論を略述する。

一　聖武太上天皇の道祖王擁立

まず疑問に思う一つは、なぜ聖武は孝謙即位後に速やかに皇太子を立てずに七年間も放置していたのかということである。

これには天武・持統両天皇の象徴である草壁皇統という直系皇統が断絶して、新皇統を立てざるをえなくなったことから「不改常典」に代わる皇位継承の正当性を保証する方法として「遺詔」を案出したためだとの斎藤融氏の主張がある。(1)そして瀧浪貞子氏も遺詔という形で最大限の効果を発揮させたとする。(2)けれども、斎藤氏自身も聖武の死によって激化する皇太子擁立をめぐる貴族層の分裂を未然に回避するための指名だともいうように、皇嗣をめぐって王臣の間で独自に擁立をめざす不穏な動きがあって、著者は聖武がこれを抑制調整できずに一日延ばしに引き延ばしてきた結果ではないかと思っている。(3)その点で栄原永遠男氏が「聖武は、ついに遺言の形でしか、自分の意志を示せなかった」とするのが真相であろう。(4)

もう一つの疑問は、なぜ道祖王であったのかということである。それについては、聖武自身が藤原氏に支えられてきて藤原宮子を母とする藤原氏の血統を大切に思っていたことから、同じように母を藤原五百重娘とする新田部親王の系統に親しみを感じていたということがある。(5)

しかし、それだけではない。当時にあって天武皇子中では舎人・新田部両親王系が皇親中でもっとも優位であって、道祖王が支配階級の合意を得られやすいという判断があった。(6)また藤原仲麻呂と密接な舎人王子達を避けて、新田部の長子で娘婿でもあった塩焼王が適当だったが、天平十四年（七四二）のことで不興をかっていたので、次子の道祖王以外の選択肢はなかったという見解もある(7)。

たしかに塩焼王は、天平十四年十月に伊豆国に遠流になっている。この理由についてははっきりしないが、阿倍皇太子の地位が不安定で、安積親王も一五歳と年少であったので、塩焼王は聖武三女不破内親王の夫、つまり聖武の娘婿で三〇歳、中務卿として信頼されていたということがあって皇嗣に意欲を示し、阿倍皇太子の存在を脅かす言動などがあったのではないか。このことから聖武から譴責されて遠流になったものと思われる(8)。消去法で道祖王になったというのも納得できる。

ただ、この道祖王の立太子、光明皇太后や孝謙と相談したわけでなく聖武の一存であったから(9)、かならずしも周囲に歓迎されていなかったし、王権内部で意志統一されていなかったとの意見もあるから(10)、このことが廃太子につながったとも思われる。

二　道祖王と石上宅嗣・藤原良継

たしかに道祖王を皇太子とする聖武の遺詔は一存であったかもしれないが、ただ前述したように藤原氏の血統につながり、また新田部王子中より消去法で選んだだけなのだろうか。道祖王廃太子後に、仲麻呂が大炊王を、藤原豊成・永手らが塩焼王を、文室珎努・大伴古麻呂らが池田王を、橘奈良麻呂らが黄文王を、それ以外にも船王をも推す勢力もあったから、道祖王を擁する王臣もいたのではないだろうか。

うがった見方かもしれないが、聖武はそのような政情をも考えあわせたうえで道祖王を遺言で指名したのではないだろうか。それでは、具体的に道祖王を擁した王臣とは誰なのかということになるが、そこで一つの試論を以下に提示してみよう。

そのヒントとなるのが、道祖王と石上宅嗣の関係ではないかと思う。『萬葉集』（以下、本書では新編日本古典文学全集本を使用）には、巻十九・四二八二〜四二八四番歌として、

（天平勝宝）五年正月四日に、治部少輔石上朝臣宅嗣の家にして宴する歌三首

（四二八二）言繁み　相問はなくに　梅の花　雪にしをれて　うつろはむかも

右の一首、主人石上朝臣宅嗣

（四二八三）梅の花　咲けるが中に　含めるは　恋ひや隠れる　雪を待つとか

右の一首、中務大輔茨田王

（四二八四）新しき　年の初めに　思ふどち　い群れて居れば　嬉しくもあるか

右の一首、大膳大夫道祖王

との三首の歌がみえる。

『萬葉集釋注』は、なんの論証もなしに大伴家持はこの宴に参加せず、後に宅嗣から聴取したとするが、(11)歌がないからといって参加していなかったと決めることもないし、もし参加していなかったとしても後に聴取するような懇意な間柄であったことには違いない。『萬葉集全歌講義』は、これらの歌は気持ちが通じ合う者同士が集まって喜びあう思いを詠んだ歌で、この三人はどちらかといえば、「橘諸兄に親しかった」としている。(12)

皇位継承をめぐる微妙な政治状況下での宴飲の集まりを単なる親交の場と考えてはならない。「橘奈良麻呂の変」への過程を検証すれば、集宴は政治的な意味をもつものでもあったことは明らかである。(13)仲麻呂は自らの殺害計画であった奈良麻呂の変直後に酒宴を原則禁止にしているくらいである。ここでは、ことに新年正月四日の早々

に宅嗣が宴を催して招待し、それに応えて参加していることからして、宅嗣と道祖王、茨田王はとくに懇意な関係にあったし、家持もこのなかにあったとみてよい。このうち、茨田王は天平十二年十一月に従五位上に叙せられて以降、一九年間以上も昇叙がない。家持も天平勝宝四年四月に従五位上に昇って以降、一三年以上も仲麻呂政権下では昇叙がない。二人の政治的な立場が仲麻呂と乖離していたことがはっきりする。

この宅嗣・家持二人の反仲麻呂派ということの結びつきを思えば、そこには藤原良継の存在を忘れてはならない。『続日本紀』宝亀八年（七七七）九月丙寅（十八日）条の「良継薨伝」には、良継は天平宝字七年（七六三）四月頃に、[14]宅嗣と家持、そして佐伯今毛人の四人で仲麻呂の殺害を謀ったものの密告によって露顕したとみえている。良継は大不敬として科罪されたが、あとの三人は良継が責任は自分一人にある、他の者はしらないことだと自白したことから家持らは解任されたものの、九か月の謹慎措置ですんでいる。良継は相摸守時代の天平勝宝七歳二月に防人部領使として上京した時に蒐集した防人歌八首を家持に提供しているし、[15]一方で家持は良継が妻である石川女郎を離別した際の事情をなぜかよくしっているなど親しい交友関係にあった。[16]さきの集宴に良継が参加していないのは任国相摸国にいたからであろう。国守は正月には多くの行事がある。

また良継の母は、『尊卑分脈』広継や『公卿補任』天平神護二年（七六六）良継項をみれば「左大臣石川麻呂の女、国盛」とみえているが、広嗣・良継兄弟の祖父時代には「左大臣石川麻呂」なる人物は存在しない。「石川」は「石上」の誤謬だとすれば、右大臣藤原不比等とともに和銅・霊亀年間に左大臣として政界を主導した石上麻呂がいる。[17]国盛は光明付きの女官である石上国守と同一人である可能性が高く、よって良継と宅嗣は従兄弟で姻族となる。今毛人も家持とともに石川年足の弔使を務めるなど親交がしられるから、[18]すでにこのなかにあった。

三　道祖王と大伴家持

皇位継承について家持は、はじめは尊信していた橘諸兄などとともに安積親王の擁立に熱心であった。安積が天平十六年閏正月に脚病で亡くなった際には、『萬葉集』巻三・四七五〜四八〇番歌の題詞に「安積皇子の薨ぜし時に、内舎人大伴宿禰家持が作る歌六首」として、「我が大君　皇子の尊　万代に　食したまはまし　大日本　久邇の都は（中略）天知らしぬれ　臥いまろび　ひづち泣けども　せむすべもなし」（四七五番歌）と詠んで、万代までも大日本、久邇の都で君臨されるはずであったのに亡くなってしまって、身もだえして泣いてもどうなることではないと悲嘆している。また「大伴の　名に負ふ靫帯びて　万代に　頼みし心　いづくか寄せむ」（四八〇番歌）と、即位への期待が失われたことを慨嘆している。

その後、家持は天平勝宝八歳六月に一族の大伴古慈斐の事件に際して「族を喩す歌」を詠んで、一族の軽挙妄動を戒める一方で、自身が皇位継承に関わらないことを公言して保身をはかっている(19)。

しかし、家持は前述のような宅嗣や茨田王らとの親しい人間関係から道祖王の擁立を思うようになっていたのではないだろうか。その道祖王を擁する反仲麻呂グループには良継・今毛人らも加わっていた蓋然性が高い。家持が尊信していて、聖武からも執政を委ねられて信頼のあつかった諸兄も聖武の意図をうけて道祖王の擁立に積極的であったかもしれない。この六人は、宅嗣を除いて養老元年（七一七）〜三年の生まれの血気盛んな三〇歳代半ば過ぎで気性もあったのであろう。

聖武は、道祖王を孝謙の皇嗣候補とすることをいつ頃から考えていたのだろうか。蔭階の従四位下でありながら正五位上相当職の大膳大夫だったからとくに注目される存在ではなかったのに、天平勝宝八歳五月の立太子時には正四位上相当の中務卿に在任している。中務卿は、詔勅文案の審署や上表の受納を職掌として天皇に密着する側近の重要職である。この時に聖武の意中には道祖王があったと思う。では、いつ中務卿に補任されたのか、前任者はたぶん同五年十月に没した来栖王（天武皇孫・長親王々子）であったと思われる。来栖王は従三位であったから、その後任への補任は抜擢といってよいであろう。道祖王の中務卿補任は、同五年十月から同八歳五月までの間とするのが無難である。

おわりに

想像がすぎたかもしれない。しかし、聖武は藤原氏の血筋をともにすることに加えて、宅嗣・茨田王、家持や良継・今毛人らの一部官人に道祖王擁立の動きのあること、それに諸兄も関心をもっていることをしっていたことから、道祖王を皇嗣にと内心密かに決めていたのではないか。

後日、既述したように良継らの仲麻呂殺害未遂事件が起こるが、これは仲麻呂が権勢にまかせて息子真先・久須麻呂・朝狩らを参議に登用したことに良継が憤慨したからだと「良継薨伝」は伝えるが、良継の個人的な私怨にふだんから親交があるとはいえ家持や宅嗣、今毛人までもが命を賭けての権力者仲麻呂の殺害計画に加わるだろうか。もしかしたら、かつて懇意にしていて皇太子となって期待していた道祖王を死に追いやった仲麻呂への宿怨のようなことも、権力をふるう仲麻呂の専権政権下での不遇さと相まって暗殺行動に走らせたのかとも想像するのである。

註

（1）斎藤融「道祖王立太子についての一考察」（『律令国家の政務と儀式』吉川弘文館、一九九五年）。
（2）瀧浪貞子「孝謙女帝の皇統意識」（『日本古代宮廷社会の研究』思文閣出版、一九九一年）。
（3）木本好信『藤原仲麻呂』（ミネルヴァ書房、二〇一一年）八一頁。
（4）栄原永遠男「藤原豊成―軍事と仏教―」（『平城京の落日』清文堂出版、二〇〇五年）。
（5）遠山美都男『天平の三姉妹―聖武皇女の矜持と悲劇―』（中央公論新社、二〇一〇年）七二～七三頁。勝浦令子『孝謙・称徳天皇』（ミネルヴァ書房、二〇一四年）八二頁。
（6）荒木敏夫『日本古代の皇太子』（吉川弘文館、一九八五年）二五八頁。
（7）瀧浪貞子『帝王聖武』（講談社、二〇〇〇年）二六六～二六七頁。
（8）木本好信「塩焼王についての考察」（『奈良時代貴族官人と女性の政治史』和泉書院、二〇二二年）。
（9）中川收『奈良朝政争史』（教育社、一九七三年）一四一頁。
（10）註（1）斎藤前掲論文。
（11）伊藤博『萬葉集釋注』十（集英社、一九九八年）三三〇頁。
（12）阿蘇瑞枝『萬葉集全歌講義』十（笠間書院、二〇一五年）二七五頁。
（13）木本好信『奈良時代の人びとと政争』（おうふう、二〇〇三年）一四五～一四六頁。
（14）中川收「藤原良継の変」（『続日本紀研究』七巻二・三号、一九六〇年）。
（15）『萬葉集』巻二十・四三一八～四三二〇番歌。
（16）木本好信「藤原宿奈麻呂（良継）と石川女郎の離別」（『政治経済史学』四七六号、二〇〇六年）。
（17）木本好信「石上国盛と石上国守」（『続日本紀研究』三二〇号、一九九九年）。
（18）『続日本紀』天平宝字六年九月乙巳条。角田文衛『佐伯今毛人』（吉川弘文館、一九六三年）一五八頁、北村優季「佐伯今毛人―東大寺造営を支えた古代氏族―」（『平城京の落日』清文堂出版、二〇〇五年）。
（19）木本好信『大伴旅人・家持とその時代―大伴氏凋落の政治史的考察―』（桜楓社、一九九三年）二一一頁。

第五章　孝謙女帝と淳仁天皇の関係

―入婿説の否定―

はじめに

二〇〇二年三月、仁藤敦史氏が淳仁天皇に正式な后妃がいないことは、孝謙天皇が大炊天皇（淳仁）に対する皇后という擬制が働いていたからだとの理解を示した（1）。

つづいて、翌年にこの仁藤氏の理解をうけて、松尾光氏は「淳仁天皇の后をめぐって（2）」を発表し、この二人には現実的に婚姻関係があり、淳仁は孝謙の入婿となって聖武天皇々統を継承したとの見解を呈した。

しかし、このような孝謙と淳仁とが擬制的であれ実質的であれ、夫婦関係になり、そのことで独身女帝の孝謙が皇嗣を得ることになるという、つまり天武・草壁・文武、そして聖武の皇統の継続を目的とするものであったとの主張は、著者にはどう考えても信じがたいことである。そこで、このことについての私見を、以下に略述してみよう。

一　仁藤・松尾氏の淳仁入婿説

まず仁藤氏は、『続日本紀』天平宝字三年（七五九）六月庚戌（十六日）条に引かれる第二五詔に、光明太皇太后が淳仁について、「吾が子して皇太子と定めて」とあり、これをうけて淳仁も自らが「前の聖武天皇の皇太子と定め賜ひて、天日嗣高御座の坐に昇げ賜ふ物を」といっていることをとりあげる。これは明らかに舎人親王の子である淳仁が、孝謙の皇太子ではなく聖武の皇太子とされ、光明と聖武の子として、皇統系譜上の擬制として聖武の娘孝謙を淳仁の「皇后格」として位置づけていることだとする。また、この傍証として『日本霊異記』下巻第巻三八に、「大炊の天皇、皇后の為に賊たれ」とあることをあげている。

仁藤氏が淳仁と孝謙の関係をあくまでも皇統系譜上の擬制的夫婦関係と想定しているのに対して、これをうけて前述のように実態をともなう夫婦であったとするのが松尾氏である。

松尾氏は、「やや奇異な設定かもしれないが」と断ったうえで、淳仁の擁立者である藤原仲麻呂は、淳仁の即位で新たな皇統を形成するために一族の女性を早く入内させるべきであるのに、そうでないのは淳仁にとって孝謙が正妻にあたるので遠慮したのではないかという。そして、淳仁が孝謙の皇太子でなく、「聖武天皇の皇太子」と称したことは、舎人親王系統を離脱し、聖武系統に直結しようとする意味をもつとする。それには孝謙に入婿する形が必要であり、淳仁は聖武系の皇子となりきって聖武皇統を継承した、光明や孝謙は、これによって草壁系の聖武皇統の断絶を入婿の形で食い止めようとしたのだと主張する。ゆえに、淳仁が即位しても改元がなかったのは、孝謙治政下のまま淳仁との男女一組の共同統治に入ったと当時の人々に考えられていたからだという。

二　淳仁入婿説への反論

まず疑問なのは、仁藤氏が、光明が淳仁を「吾が子して皇太子と定めて」とし、これをうけて淳仁が自らを「前の聖武天皇の皇太子」と称したことは、淳仁を光明と聖武の子とし、皇統系譜上の擬制として、聖武の娘孝謙を淳仁の「皇后格」として位置づけているのだと理解していることである。著者には、光明が淳仁を「吾が子して皇太子と定め」たことと、淳仁が自ら「聖武の皇太子だ」といったことが、なぜ皇統系譜上擬制的に孝謙が淳仁の「皇后格」とされたことだと理解できるのかである。著者には論理の飛躍であるとしか思えない。

『続日本紀』天平宝字二年八月庚子（一日）条には、「皇太后、（中略）遂に乃ち欽みて顧命を承けて、皇儲を議り定む」とあって、光明が聖武の遺志をうけて淳仁を皇太子に立てたとある。この時には藤原豊成・永手らが推す塩焼王、文室珍努・大伴古麻呂らの池田王、以外にも船王のほか、安宿王・黄文王兄弟を推す橘奈良麻呂らもいて、孝謙の皇嗣は混沌としていた。

これらの諸王は、四〇歳であった孝謙よりすべて年長で、淳仁だけは二五歳で最年少であった。この舎人の末子である淳仁が皇太子に立てられたのは、ひとえに淳仁が権力者仲麻呂の亡男真従の寡婦であった粟田諸姉と妻あわされ、仲麻呂邸に養われていたということにほかならない。仲麻呂は淳仁を擁立して権勢の確立を目論んでいたのである。

候補の諸王のなかでまったく可能性のない淳仁を擁立するには、諸官人に有無をいわせない光明の主導性が必要であった。この光明の政治権力の根源が、聖武の皇后か、それとも孝謙の母后としての立場によるものかであるが、

「欽みて顧命を承けて」とあるから、前者であると推考できる。光明は、亡き夫聖武の遺志をうけて淳仁を立太子させたと公言しているのである。それゆえに淳仁を「吾が子」と称するのは当然で、そうでなくてはならない。舎人系という傍系からの立太子であれば尚更である。この光明の意図をうけて、淳仁が自ら「聖武の皇太子」と公言するのもまた当然である。うがって孝謙が擬制的であるにせよ淳仁の「皇后格」であったとする理解にはまったく納得できない。

つづいて松尾氏の主張について論及する。まず松尾氏は、淳仁に仲麻呂が一族の女性を納れていないのは、前述のように孝謙が正妻であったので控えていたからだという。けれども別論(3)でも論じたように、淳仁即位時、『続日本紀』天平宝字二年八月庚子条の女叙位記事からもわかるように、諸姉以外にも伊刀女王・垂水女王、諸王系譜の内(真人)糸井、そして出自はわからないが藤原氏からも藤原影という女性が淳仁の妻妾であったことが指摘できる。そして、この時に後宮に異動のあったことが確認できるから、淳仁即位によって後宮にも変化があったのである。

また繰り返しになるが、淳仁が「聖武天皇の皇太子」と称したのは、聖武系に直結しようとする意味をもち、孝謙に入婿する形で、聖武皇統を継承したからであって、光明や孝謙もこれによって草壁系の皇統断絶を食い止めようとしたとする主張であるが、前述したとおりに納得できない。

仁藤氏も松尾氏も、第二五詔のいわば前文に注視して本意を看過している。その本意とは、

比来太皇太后の御命以て朕に語らひ宣りたまはく、(中略)「吾が子して皇太子と定めて(中略)是を以て先考を追ひて皇とし、親母を大夫人とし、兄弟姉妹を親王とせよ」と仰せ給ふ貴き御命を頂に受け給はり(中略)(孝謙上皇の反対があるものの、著者注)朕もまた念はく、「前の聖武天皇の皇太子と定め賜ひて」、(中略)然れ

どもたび重ねて宣りたまはく「吾がかく申さず成りなば、敢へて申す人は在らじ」（中略）、故、是を以て、今より以後、舎人親王を追ひて皇とし、崇道尽敬皇帝と称し、当麻夫人を大夫人と称し、兄弟姉妹悉に親王と称せと宣りたまふ。

である。同三年六月、光明は淳仁を「吾が子して」と思い、「即位してから日月も重なってきたことから、孝謙の反対はあるものの、自分が言わなければ言う人がいないとして、再び父舎人を天皇として崇道尽敬皇帝、母の当麻山背を聖武の生母藤原宮子の例に准じて大夫人と称し、兄弟姉妹を親王とするように」と命じたのである。

この光明の命じた父母・兄弟姉妹への措置の意図は、どのようなことであったのかと考えた場合、けっして草壁系の皇統断絶を食い止めようとしたことだとは思えない。著者は、舎人の子として傍系から皇位をついで、天皇として劣性である淳仁をサポートするために、父舎人を天皇とし、母を聖武の生母宮子と同じ待遇にし、淳仁の藩屏として兄弟姉妹を親王に処遇しようとしたものであると思う。いわば、絶える草壁皇統に代わって新しく舎人皇統を創造して天武皇統の存続を図ったものと思慮する。しかし、直系の草壁皇統に代わって傍系の舎人系が新たな皇統となることは簡単なことではなかった。だからこそ、瀧浪貞子氏も指摘するように草壁皇統意識が強固である孝謙が、(4)あえて母光明の為すことに反対したのであるし、淳仁も即位直後に妥協策として草壁に「岡宮御宇天皇」との天皇としての尊号を追上したのである。この時に舎人を「崇道尽敬皇帝」と称することにしたのは、舎人皇統を創造するのに舎人を草壁と同じ扱いにする必要があったためであろう。

このような光明の意図を勘案すれば、いずれにしても淳仁と孝謙とが擬制・実質的な夫婦関係にあったという見解はありえない。また孝謙の反対を押し切って光明の再度の仰せをいれて、舎人ら父母兄弟の処遇を命じた淳仁に草壁皇統継承の意図があったとは到底思えない。

たしかに淳仁の即位にともなっての改元は行なわれていない。しかし、そのことが淳仁が孝謙の入婿になり、孝謙との共同統治が為されたからだとするのは適当な判断ではない。改元がなされていないというなら元明天皇も、慶雲四年（七〇七）七月に即位したものの改元が行なわれずに、翌同五年正月に武蔵国秩父郡より和銅が献上されたことによる祥瑞改元で和銅と改元している。元明は、息子文武天皇の急死によって、天智天皇々女を母とする長親王や舎人、穂積・新田部親王ら天武諸皇子の即位による傍系継承を防ぎ、孫首皇子（聖武）に皇位を継ぐために不比等らと図って、諸王・諸官人らの反対をうけたものの即位を強行したのであった。

淳仁もいままでの草壁皇統でなく、豊成・永手ら藤原氏、智努らの皇親や古麻呂ら大伴氏などの旧氏族、橘奈良麻呂らなど諸官人の反対を強行しての舎人という傍系からの即位であったために改元が行なわれなかったのではあるまいか。元明と相違して後日に改元がなされなかったのは、やはり孝謙の前述の理由でのかたくなな反対があったからかもしれない。よって、松尾氏主張の論拠とはかならずしもなりえない。ただ、このように傍系の淳仁の皇権は薄弱であったことも確かなことで、だからこそ光明が前述のように父母・兄弟姉妹の待遇を改めることを命じたのである。

それに松尾氏は、淳仁の入婿は「孝謙天皇の子に、血脈の最後の望みを繋ごうとした」ことにあるとも記している。淳仁は二六歳、孝謙は四一歳である。奈良時代でも経産婦なら四〇歳を越えての出産も期待できるかもしれない。しかし、四〇歳を過ぎた孝謙に出産を期待したとは到底思えない。孝謙に子が生まれなければ、皇統は結局舎人系に移っていってしまう。光明がこのようなあやふやなことで皇位継承を考えていたとは思えない。

仲麻呂は、孝謙の譲位にあたって臣下を代表して、「国家に皇位の継承者が途絶えると、人人はあれこれと思いを巡らすものです。〔皇帝陛下は〕尊い地位にありながら人民の願いを容れて〔皇嗣を決め〕、よく謙譲の徳を発揮され、天の徳の一部を地に施して、大いなる〔国家の〕基をついに固められました[5]」と上表している。仲麻呂は孝謙に「独身女帝で皇嗣のいない孝謙の在位に不安をおぼえる国民の願いを容れ、謙譲の美徳を発揮して、男帝の淳仁に譲位することによって国家の基礎を固めた」といっているのである。この仲麻呂の上表からは、皇嗣のない独身女帝孝謙と国家の基礎を固めるための男帝淳仁という意識がみえるのであって、淳仁が孝謙の入婿となっての共同統治をイメージすることはできない。

三　孝謙女帝中継ぎ論

それでは、元にもどって淳仁が「前の聖武天皇の皇太子と定め賜ひて」といって、孝謙の皇太子としなかったということであるが、松尾氏は、「孝謙天皇は正式な後嗣とは見られていなかったから外されたとする解釈もなしうる」として、孝謙を中継ぎの天皇とする理解も存立する可能性を指摘している。だが、孝謙は立太子も即位もして、「そうした既成事実を承認させようとして躍起になってきた本人をふくむ中心者たちの前で、孝謙を無視してあたかもその立太子も即位もなかったかのように『聖武天皇の皇太子』と称するのは、やはりありうべからざる異常な言動だ」として前者の解釈を排除して、淳仁の入婿、共同統治を主張するのである。

だが、そうであろうか。著者は、この淳仁の言葉は、あくまでも孝謙が中継ぎ的存在であって、自らが本格的な男帝だと思っていたことからの発言であり、松尾氏も一旦は考えた「孝謙天皇は正式な後嗣とは見られていなかったから」であると理解すべきだと考えている。

この孝謙中継ぎ論としては、すでに瀧浪氏が嫡系でありながら女性であることから孝謙も客観的には中継ぎ的存在でしかなかったとし、(6)吉川敏子氏も「養老継嗣令」皇兄弟子（一）・王娶親王（四）条の法意などの検討から、女帝は自らの皇族としての血だけをもって子孫に皇位を伝えることが認められておらず、かかる制約下での即位は中継ぎといわざるをえないとしている。(7)つづいて佐藤長門氏も、天武・持統嫡系継承を目的に確立したもので、王位継承という点からみれば、主体的ではあるものの「中継ぎ」（王位継承上の文脈のなかでのことであり、王としての資質の概念ではない）という役割であったとする主旨の見解を示している。(8)

著者はこれらの諸論をうけて、最近になって光明の視点から政治権力は光明が掌握して、孝謙は中継ぎであったがゆえに皇権を行使できなかったとのことを論旨とする「孝謙女帝中継ぎ試論—母后光明皇太后からみた娘孝謙女帝—」(9)（以下、先論。第三章）を発表している。よって、孝謙の中継ぎ論の主張はすでに先論で果たしているので、ここでは以下に先論を要約することにする。

まず、『続日本紀』天平宝字元年七月戊申（二日）・庚戌（四日）両条にみえる橘奈良麻呂の変に関してである。奈良麻呂らの計画は、最初に仲麻呂を殺害して、皇太子大炊王（淳仁）を追放したうえで、「皇太后宮を傾けて鈴・璽を取らむ」と、光明の保持する御璽と駅鈴を強奪、藤原豊成に事態を収拾させた後に孝謙を廃位、道祖王ら四王から選んで新天皇を立てるというものであった。孝謙が皇権力を発揮していれば、孝謙への対処が主的な目的になっていたはずである。事後に廃位する計画になっているのは、孝謙の存在感の軽薄さを示している。

また注目すべきなのは、御璽と駅鈴が光明のもとにあったということである。「皇太后宮」には孝謙も同居していたので、光明が保持していたとは限らないなどとする異論もあるが、孝謙は「大殿」に住まいしており、孝謙が保持していたならば「皇太后宮を傾けて鈴・璽を取らむ」との記述にはならない。通説では同様に理解している。聖武没後一年後に光明が保持し、そして天平宝字八年九月の恵美押勝の内乱に際して、孝謙が中宮院に住む淳仁のもとから奪取している。

このことは御璽・駅鈴は、孝謙即位後もひきつづいて太上天皇の聖武が保持し、聖武没後には光明が受け継いでいて、淳仁の即位とともに光明から淳仁に譲渡されたということである。在位中はもちろん譲位後も皇権の発動に必須の御璽と駅鈴を保持していなかった孝謙を「中継ぎ」とするのは当然のことであろう(10)。

おわりに

さて、課題として『日本霊異記』（以下、『霊異記』）の「大炊の天皇、皇后の為に賊たれ」との記事が残った。佐藤氏は、この一文に触れて「皇后」と記されているだけでは、たとえ擬制的であろうと両者の婚姻関係を抽出することは少々強引といわざるを得ないと、仁藤氏の理解を否定している(11)。

そもそも『霊異記』は、奈良・薬師寺僧の景戒が五世紀の雄略天皇朝から平安時代初期の桓武朝までの事柄一一六話を年代順に収めた仏教説話集である。延暦六年（七八七）に一応まとめられたが、最後が弘仁十四年（八二三）の話であるから、この頃に加筆成立したらしい。説話は仏教の因果応報と現報善悪に貫かれているが、内容には火葬しなかった女性遺体の上半身が牛になり額には角が生えたとか、未婚の女性が五寸四方の青と青白斑の二箇の石を生んだとかの荒唐無稽なものが多い。

たとえば、長屋王の服毒自害後、聖武はその屍を平城京外に捨て、焼き砕いて河に捨て、骨は土佐国に流したが、土佐国から祟りで百姓が多く死ぬことの対処を求められたので、紀伊国海部郡椒抄の奥の嶋に置いたとか（中巻第一）、橘奈良麻呂は僧形を描き、その瞳を弓の的に練習していたが、鷹狩の際に狐の子を串刺しにしたところ、母狐が奈良麻呂の乳飲み子を同じように串刺しにして復讐した（中巻第四〇）とかの、事実でない空事話がある。

そして当該の「大炊の天皇、皇后の為に賊たれ」直前の天平宝字元年の記事には、「儲の君道祖の親王を、大宮の［　］殿より出し、獄に投れ居き殺死しつ。並びに黄文の王、塩焼の王、又氏々の人等、倶に殺死しつ」(12)とある。

『続日本紀』天平宝字元年七月庚戌条には、「黄文名を多夫礼と改む・道祖名を麻度比と改む・（中略）ら、並に杖の下に死ぬ」とみえて、道祖王と黄文王が拷問のうえ獄死したことは確かなことで事実と大きく異なるものではない。しかし、塩焼王は殺されてはいない。『続日本紀』同元年七月癸酉（二十七日）条には、「此般の罪免し給ふ」とあって罪を免れている。その後、塩焼王は皇位継承争いに巻き込まれることを嫌って同二年八月には氷上真人氏を賜姓して従三位に昇叙、仲麻呂政権下では重用されて、同六年正月に参議、同六年十二月には中納言にまで昇任している。

塩焼王のような事実と相違した誤謬の記事もあることから、『霊異記』の記事にあまりにも依拠して意図的に歴史事実を歪曲してはいけない。

註

（1）仁藤敦史「聖武朝の政治と王族」（『高岡市萬葉歴史館叢書』一四号、二〇〇二年、同様のことを『女帝の世紀』一二九・一四一頁、角川書店、二〇〇六年でも記述する）。

（2）松尾光「淳仁天皇の后をめぐって」（『白鳳天平時代の研究』笠間書院、二〇〇四年、初出二〇〇三年）。松尾氏は、その後に同様の内容を簡略化した「孝謙女帝と淳仁天皇」（『古代の豪族と社会』笠間書院、二〇〇五年）も発表している。

（3）木本好信「淳仁天皇の妻妾と後宮」（第六章）。

（4）瀧浪貞子氏は、「草壁の嫡系であるという信念とプライドは妄執に近いほどのもの」としている（「孝謙女帝の皇統意識」『日本古代宮廷社会の研究』思文閣出版、一九九一年）。
（5）直木孝次郎他、東洋文庫『続日本紀』3（平凡社、一九九〇年）七頁。
（6）註（4）瀧浪前掲論文。
（7）吉川敏子「女帝と皇位継承」（『史聚』四一号、二〇〇八年）。
（8）佐藤長門「史実としての古代女帝」（『日本古代王権の構造と展開』吉川弘文館、二〇〇九年、初出二〇〇四年）、佐藤長門「女帝と王位継承」（佐藤信監修『テーマで学ぶ日本古代史』政治外交編、吉川弘文館、二〇二〇年）。
（9）木本好信「孝謙女帝中継ぎ試論―母后光明皇太后からみた娘孝謙女帝―」（『奈良時代政治史研究』三号、二〇二四年）。詳細は第二章。
（10）孝謙は中継ぎの天皇ではなく、淳仁即位後もひきつづいて太上天皇として皇権を行使したとする見解がある。しかし、これも著者は註（9）前掲論文で、天平宝字六年六月の孝謙による帝権分離宣言の前後も変わらずに、詔勅発給の殆どが淳仁によるものであること、昇叙・補任についても淳仁・仲麻呂派官人を中心に行なわれていたことなどを指摘して、孝謙の中継ぎ的存在を検証した。
（11）佐藤長門「『日本霊異記』における天皇像」（『歴史評論』六六八号、二〇〇五年）。
（12）遠藤嘉基他、日本古典文学大系『日本霊異記』（岩波書店、一九六七年）四三三頁。

第六章　淳仁天皇の妻妾と後宮

はじめに

淳仁天皇は、孝謙太上天皇との権力闘争によって敗死した恵美押勝に擁立されたこともあって内乱後には孝謙によって廃帝にされ、淡路国で死に追い込まれた悲運の天皇である。その淳仁の妻妾については、一九九五年二月に「淳仁天皇をめぐる女性たち（三）―知られざる妻妾たち―」[1]と題して概述したことがある。

その後、二〇〇二年三月に仁藤敦史氏が、淳仁に正式な后妃がいないことは、孝謙が大炊天皇（淳仁）に対する皇后という擬制が働いていたからだとの理解を提示した。[2]仁藤氏は、淳仁と孝謙の関係をあくまでも皇統系譜上の擬制的夫婦関係と想定しているのに対して、これをうけた松尾光氏は「淳仁天皇の后をめぐって」を発表し、この二人には現実的に婚姻関係があり、淳仁は孝謙の入婿となって聖武天皇々統を継承したとの見解を呈示した。[3]

これらの理解は、淳仁自らが「前の聖武天皇の皇太子と定め賜ひて、天日嗣高御座の坐に昇げ賜ふ物を」（第二五詔）との認識をもっていたことを前提にしてのものであるが、にわかに信じがたいことである。淳仁のこの言葉は、松尾氏も一旦は考えられたようにあくまでも孝謙が中継的存在であって、自分が本格的な男帝と思っていたことからの発言であると理解すべきだと考えている。

このことについて、著者は先論（第五章）でも記したように、淳仁と孝謙とは擬制・実質的にしろいずれにしても夫婦関係にあったことはなかったと考えている。本論では、このことをふくめて淳仁の妻妾について先論をふまえて論及する。

一　淳仁天皇の妻妾

まず、淳仁の妻妾としてしられているのは、粟田諸姉の存在であろう。『続日本紀』淳仁天皇即位前紀には、

是より先に、大納言藤原仲麻呂、大炊王に妻すに亡男真従が婦粟田諸姉を以てし、私第に居らしむ。四月四日乙巳、遂に大炊王を仲麻呂が田村の第より迎へ、立てて皇太子とす。

とある。諸姉は、はじめ仲麻呂の亡き長男真従の妻であった。真従は、天平勝宝元年（天平二十一、天平感宝元・七四九）四月に正六位下から従五位下に昇叙、八月には中務少輔に任じられている。父仲麻呂は当時正三位にすぎなかったから、祖父武智麻呂の蔭叙、正一位の庶孫として「養老選叙令」授位（三四）条の規定によって二一歳で正六位下に蔭叙していたものと考えられる。よって叙爵以前の正六位下という位階は蔭階の官位（「養老選叙令」五位以上子（三八）条）であり、叙爵の時点では二〇歳代前半であったものと推測することができる。旧著『藤原仲麻呂』(4)では、神亀二年（七二五）頃の生まれではないかと記している。

そうすると諸姉は推論にすぎないが、真従より三～四歳年下の天平元年（七二九）頃の生まれで、その結婚はこれも推論を重ねるが、当時の結婚年齢は男性が二〇歳頃、女性が一七歳頃であることを考慮すれば天平十七年前後

ではないかと思う。

真従は中務少輔補任以後の動向がしられなくなるので、まもなくの天平勝宝二〜三年頃に卒去したものと考えられる。諸姉は真従の卒去後も仲麻呂の田村第に残り、真従が卒去した二〜三年後の天平勝宝六年頃になって淳仁と一緒になったのであろうと思う(5)。角田文衛氏は、この淳仁と諸姉を娶せたのは仲麻呂の妻袁比良（宇比良古）だとするが(6)、はたしてどうであろうか。根拠のあってのことではない。天平五年生まれの淳仁は二二歳、諸姉は二六歳頃でいくらか年長であったのではないか。

天平宝字二年（七五八）八月、淳仁の即位にともなっての叙位があった。『続日本紀』（第二四詔）は諸王・諸臣三五人につづいて、

また、正四位上河内女王に従三位を授く。正五位上当麻真人山背に正三位。无位奈貴王に従四位下。无位伊刀王・垂水王、正六位上内真人糸井、无位粟田朝臣諸姉・藤原朝臣影に並に従五位下。外大初位上黄文連真白女・上道臣広羽女、従六位上爪工宿禰飯足に並に外従五位下。

と、一一人の女性にも叙位のあったことを記している。ほぼ同様のことが「詔勅草(7)」にもみえる（ただ奈貴・伊刀・垂水王は、「女王」と記す）。

この一一人はいずれも淳仁と何らかのつながりのある女性達であろうが、その出自が明確なのは高市親王の娘である河内女王のみである。河内女王は、淳仁の母である当麻山背の前に記載されていることから考えて、たぶん山背と同じ淳仁の父舎人親王の妻室であったのであろう。河内女王の従三位より山背が正三位で高い位階に叙されているのは淳仁の生母だからである。

残る奈貴女王・伊刀女王・垂水女王については明瞭ではない。だが、「无位奈貴王」、「无位伊刀王・垂水王」と

あって、同じ无位だが別に記している。また同じ无位からでも奈貴女王は従四位下、伊刀女王・垂水女王は従五位下への昇叙である。奈貴女王の位階従四位下は、「養老選叙令」蔭皇親（三五）条にみえる親王の子女には従四位下を蔭階とする規定を考えれば、即位した淳仁の姉妹へのものである可能性が高い。この同じ時の男官の叙位でも淳仁の兄の船王・池田王に正四位上から従三位への昇叙があった。

それに対して伊刀女王・垂水女王は、諸姉へとつづく一体の表記になっていて、位階も同じ従五位下とある。「養老後宮職員令」嬪（三）条によると、嬪は五位以上とある。嬪という公的な身分であったかどうかわからないが、淳仁の妻妾と考えてよかろう。松尾氏は、淳仁には妻妾がおかれなかったというし、角田氏も淳仁の妻妾は諸姉だけだとしているが、(8)そのようなことはない。皇后を立てることは諸般の事情でできなかったというのは文武天皇の例もあり、天皇となった淳仁に妻妾がいないなどありえない。次に述べる女性たちも妻妾であろう。

内糸井も分明ではない。内真人氏自体も明確ではないが、天平勝宝三年正月に無位だった等美王が内真人氏を賜っているから天皇の子孫であって、糸井は等美王一族の女王で娘の可能性もある。この後、天平宝字元～二年にみえる越前国掾の内真人魚麻呂などは親族であろう。「内」は、山背国綴喜郡有智郷か大和国宇智郡に因んだものとの見解がある。(9)そうすると、当然のごとく真人氏の糸井は奈貴女王のように淳仁の姉妹関係で叙位になったわけではない。つづいて无位だった諸姉が記載されているので、淳仁の妻妾として正六位上だった糸井が无位の諸姉の前に記載されたのであって、糸井が淳仁の妻妾ではもっとも身分が高かったものと思われる。その理由はわからないが、もしかするとすでに宮人としての位階であった可能性もある。

さて先に触れた諸姉だが、この時に无位から従五位下に叙されたのは、先のとおり「養老後宮職員令」に嬪は五位以上とする規定に沿ったものであろうとする理解がある。(10)そうすると糸井も同様に嬪であったともいえよう。坂元義種氏は、淳仁に皇后がいないのは、仲麻呂の娘などをさしおいて皇后を定めることができなかったので、諸姉は実質的な皇后の座にあったとしている。[11] また高田淳氏は、寡婦という前歴からして夫人や嬪などの公的な皇妃ではなく、いわゆる宮人として遇されたに過ぎないとするが、[12] ともに淳仁の妻妾としての関係は認知している。

しかし、これに関して「やや奇異な設定かもしれないが」として自説を主張するのが松尾光氏で、仲麻呂は淳仁即位で新たな皇統を形成するために一族の女性を早く入内させるべきなのに、そうでないのは淳仁にとって孝謙が正妻にあたるからではないかという。そして、淳仁にしかるべき妻妾がいないのは、その間に子が生まれれば草壁・聖武皇統が舎人皇統になってしまうことを嫌ったからで、孝謙腹の皇嗣出現が期待されて淳仁は入婿となったのであって、これを画策したのは光明皇太后だとする。仁藤氏の指摘をうけて、『日本霊異記』下巻第巻三八に、「大炊の天皇、皇后の為に賊たれ[13]」とあるのが傍証になるという。孝謙への遠慮から諸姉は田村第では大炊王の妻となってはいても、淳仁の後宮では妻とされなかったと理解している。[14]

淳仁は即位した時は二六歳、孝謙は四一歳である。奈良時代でも経産婦なら四〇歳を越えての出産も期待できたかもしれない。しかし、四〇歳を過ぎた孝謙に出産を期待したとは到底思えない。そのようなあやふやなことで光明ともあろう者が皇嗣問題を解決しようとしたとは考えられない。これについて孝謙の譲位にあたって、仲麻呂が臣下を代表して慰労の言葉を上表している内容が注視される。それは「皇嗣が絶えると国民が不安を覚えるが、孝謙は皇太子（淳仁）に譲位するという謙譲の美徳を示し、男帝の即位をもたらして国体の基礎を固められた」というものである。この言葉から著者は、淳仁が孝謙のもとに入婿した事実はうかがえず、孝謙を独身女帝と見做しているいることがはっきりすると思う。このことについては第三・五章で詳細に検討している。著者は嬪とする理解や高田氏の見解が妥当なのではないかと思う。

つづいて記される藤原影も无位からの叙爵である。蔭とも表記する。以下の黄文真白女と上道広羽女が外大初位上、爪工飯足が従六位上とすでに官位を有しており、糸井・諸姉・影らを一括して従五位下として、真白女・広羽女・飯足らを区別して外従五位下と記載している。このことから考えると、影らまで五人が妻妾で、真白女ら三人は妻妾ではなく淳仁に近侍する宮人だったと判断される。宮人には官位相当はないが、无位から四・五位に直叙される例の多いことが指摘されている[15]。ただ、この三人のうち従六位上で位階が高く宿禰姓の飯足が、外大初位上で臣連姓の真白女と広羽女より後に記されていることが気になる。

天皇の妻妾が宮人として後宮で奉仕することはありうるから、そのあたりの判断はむずかしいが、影は諸姉と同じ淳仁の妻妾であったと推察される。高島正人氏も『続日本紀』の記載からすれば淳仁の嬪ではなかろうかとしている[16]。

影の素性についてはわからない。淳仁の妻妾の一人だと仮定すれば、二〇歳過ぎで天平十年前後の生まれかと推察される。そうだとすると、影の父は霊亀年間（七一五～七一六）の生まれの可能性が高いが、藤原氏のなかで特定することはできない。角田氏は、袁比良が妹の一人を夫人として後宮に納れたとするが[17]、房前は天武十年（六八一）生まれで、天平九年に五七歳で没していて、前述のことと矛盾するし確たる論拠のあってのことではない。

影は、宝亀二年（七七一）正月に橘麻都我と二人で従五位下から正五位下に二階昇っている。一三年ぶりに昇叙したのである。この頃には光仁天皇による仲麻呂の内乱（恵美押勝の内乱）によって追放・官位剥奪された人びとの復位がなされているから、淳仁に近い関係にあったことは確かである。

同じに昇叙した麻都我は、橘佐為（諸兄の弟）の四女で、血縁である井上皇后の後宮にあって重要な役割を負っていたから[18]、影も麻都我とともに光仁の後宮で活躍したのである。

二　上道斐太都と宮人広羽女

前述の宮人のなかで注目されるのが、上道臣広羽女である。上道臣氏は、備前国上道郡出自の豪族だが、この頃には斐太都の存在がしられ、斐太都は従四位下で中衛少将に任じられ、吉備国造であったから上道臣氏の氏長であった。斐太都は、天平宝字元年七月時には中衛舎人で従八位上であったが、前備前守の小野東人から橘奈良麻呂の変への参加を誘われ、かえって精兵四〇〇人を駈率して田村宮を囲むなどの計画を聞きだして仲麻呂に密告している。東人は備前国つながりで以前から斐太都と交流があったからのことであろうが、斐太都は「養老獄令」告密（三二）条の「告発は当処の長官に」との規定によって上司の中衛大将の仲麻呂に密告したのである。

奈良麻呂らの謀反動向は、山背王や巨勢堺麻呂らからすでに仲麻呂のもとに報告されていたが、光明皇太后の政治的な混乱を恐れた配慮で鎮静化されようとしていた。しかし、それでは自分の暗殺を企んだ政治勢力が残存して、政権確立の妨げになることに仲麻呂は焦慮していた。このような時に、より具体的な謀反計画が斐太都より伝えられたのである。仲麻呂は斐太都の密告をうけ孝謙・光明に奏上して、奈良麻呂らを一網打尽にして政権の領導を確固なものとしたのである。これは仲麻呂が、以前からの東人との交誼をしったうえで斐太都に命じたことであったのかもしれない(19)。斐太都は、その功績からただの中衛舎人四〇〇人のなかの一人から中衛少将に昇格し、位階も従八位上から一挙に従四位下へと一五階も昇った。山背王や堺麻呂がすでに高い位階にあったとはいえ三階、県犬養佐美麻呂と佐味宮守のおのおの六階と一一階に比べれば、斐太都が仲麻呂にとって大きな働きをしたことが明らかとなる。

斐太都はこれだけでなく、天平宝字元年七月に臣姓を改めて朝臣姓を賜っている。広羽女は翌同二年八月の昇叙の際には「上道臣」である。広羽女が斐太都の娘などの家族であれば、ここは「上道朝臣」になっていなくてはならない。「詔勅草」でも、「上道臣廣羽女」となっている。ただ斐太都ももとは「上道臣」であったのであるから、斐太都と広羽女とは同族であったことは確かであろう。同じ備前国を本貫とする豪族出自で、畿内女孺、つまり氏女として後宮に入った者としては正四位上典侍となった和気広虫がいるが[20]、広羽女も同様の手段で後宮に入ったのであろう。

仲麻呂の子飼官人のなかでも特別な存在であった斐太都の同族女性が、淳仁の後宮に入っていたことは関心をひく事実である。この八月の淳仁即位にともなう女性の叙位は、孝謙の後宮から淳仁の後宮への改変である。このような性格を有する叙位で広羽女が真白女とともに一三階も昇ったことは、斐太都の一五階と併考した場合に興味あることである。

この時には先に記したように女官には官位相当規定がなかったが、五位以上を内命婦と称し、六位以下の宮人とは明白な区別があった。よって、広羽女らが外従五位下に昇ったことは典膳とか典縫など、淳仁朝の後宮十二司で重要な職責を果たすことを期待されていたものと推察できる。内命婦の考課は、式部省で扱う男官と違って中務省が担当するので、天皇の恣意が強く働くことから、この女性の叙位には仲麻呂とともに淳仁の意思があったと思う。

さて、淳仁の後宮の実態はどのようであったのだろう。この時の後宮にあって政治力を発揮していたのは、房前の娘で仲麻呂の妻の尚蔵・尚侍を兼職していた袁比良であった。袁比良がいつ尚蔵・尚侍を兼任したかは明瞭ではないが、もうこの天平宝字二年八月頃には従三位にあって勅の要請・宣伝などの職掌に在任して、後宮を掌握するだけでなく政治的にも大きな権限を有していた。加えて娘の児従も六年ほど前に従五位下になり、後宮にあって母子で活躍していた。角田氏は仲麻呂の獲得した目ざましい政治上の地位は、光明と仲麻呂だけの関係では理解しにくく、その間に光明の姪袁比良を置くことではじめてすっきりと理解されるとする(21)。遠藤慶太氏も内侍の女性官人は、議政官である夫の政治・経済活動に大きな影響力があったとする(22)。

広羽女は、淳仁即位とともに政権を掌握した夫仲麻呂を後宮から支えていた袁比良のもとで活動していたのである。地方豪族出身の氏女出身で外階コースから五位に昇った例は少なくはないが、玉井力氏は長年の経験と実績を買われたか、偶然の機会に恵まれるなど、特殊な条件が必要であったとしている(23)。備前国の地方豪族である上道臣氏が中央政界で伸し上がるためには、斐太都が仲麻呂の手下になるだけではなく、女性もまた後宮にあって権力者仲麻呂の妻である袁比良の配下となるという特殊な条件が必要であったわけである。斐太都と広羽女の行動は、上道臣氏の一族として連動したものであった。

おわりに

このように淳仁の妻妾と確認できるのは、粟田諸姉のほかに、伊刀・垂水女王や藤原影・内糸井らがいる。即位とともに皇親の皇后を冊立し、藤原氏や旧氏族出自の妃や夫人をむかえることは、淳仁にとって天武・持統直系である草壁親王皇統に代わり、新しい舎人親王皇統を確立させるうえでも必要なことであったと思われる。

けれども、淳仁の擁立者である仲麻呂が、旧氏族との苛烈な闘争を勝ち抜いて権力を確立してきたためと、そのために淳仁と旧氏族との新たな結びつきを恐れたこと、また傍系の舎人系から即位したこともあったが、それよりは淳仁の皇后に冊立するのに適当な女性がいなかったこともあるのではないかと思う。伊刀・垂水女王は皇親とはいっても四・五世王などの可能性が高いから夫人とはなりえても、皇女でなくてはならないという皇后となると適当な女性がいなかったのではないか。このことが淳仁の皇権力が劣弱さを克服できず、太上天皇である孝謙の草壁皇統意識に対抗できずに廃帝となる憂き目をみた大きな要因となったのではなかろうか。

註

（1）木本好信「淳仁天皇をめぐる女性たち（三）―知られざる妻妾たち―」（『米短（山形県立米沢女子短期大学）古代史ゼミ報』五八号、一九九五年）。
（2）仁藤敦史「聖武朝の政治と王族」（『高岡市萬葉歴史館叢書』一四号、二〇〇二年。同様のことを『女帝の世紀』一二九頁、角川書店、二〇〇六年でも記述する）。
（3）松尾光「淳仁天皇の后をめぐって」（『白鳳天平時代の研究』笠間書院、二〇〇四年、初出二〇〇三年）。
（4）木本好信『藤原仲麻呂』（ミネルヴァ書房、二〇一一年）一五九頁。
（5）大炊王と粟田諸姉の婚姻期について、寺西貞弘氏は「道祖王立太子直後のことであったと考えてよいだろう」（「淡路廃帝の死と道鏡」『日本古代史論叢』和泉書院、二〇一六年）とする。ほぼ同様のことを『道鏡』（筑摩書房、二〇二四年）でも論述している。寺西氏は、仲麻呂が道祖王廃太子に代わる者を捜す必要が生じた結果であったと考えているが、寺西氏も認めているように真従が天平勝宝「元年直後に早世している」のであれば、道祖王廃太子直後の天平宝字元年までは八年ほどで長すぎる。また皇位継承問題が当時最大の政治課題であったことを思うと、氏のいう「政略家」であった仲麻呂がもっと以前から近い将来を見すえて大炊王と諸姉のことを考えていたことは当然のこととしなければならない。
（6）角田文衛『日本の後宮』（学燈社、一九七三年）七〇頁。
（7）東京大学史料編纂所『大日本古文書』編年之四（東京大学出版会、一九七七年覆刻）二八三頁。
（8）註（6）角田前掲書、歴代皇妃表。

（9）青木和夫他、新日本古典文学大系『続日本紀』三（岩波書店、一九九二年）補注一八―一九。
（10）註（9）青木他前掲書、二六七頁脚注。
（11）坂元義種「後宮粟田諸姉」（『臨時増刊歴史と旅』二〇巻九号、一九九三年）。
（12）高田淳「粟田諸姉」（『歴史と旅』一三巻一号、一九八六年）。
（13）遠藤嘉基他、日本古典文学大系『日本霊異記』（岩波書店、一九六七年）四三三頁。
（14）註（3）松尾前掲論文。
（15）玉井力「天平期における女官の動向について」（『名古屋大学文学部二十周年記念論集』名古屋大学文学部、一九六八年）。
（16）高島正人『奈良時代諸氏族の研究』（吉川弘文館、一九八三年）三九〇頁。
（17）角田文衛「藤原袁比良」（『古代文化』六巻五号、一九六一年）。
（18）木本好信「橘佐為の娘たち」（『奈良時代貴族官人と女性の政治史』和泉書院、二〇二二年）。
（19）木本好信「橘奈良麻呂の変の密告について」（『奈良時代貴族官人と女性の政治史』和泉書院、二〇二二年、初出二〇二一年）。
（20）伊集院葉子『古代の女性官僚』（吉川弘文館、二〇一四年）二二一頁。
（21）註（17）角田前掲論文。
（22）遠藤慶太「尚侍からみた藤原仲麻呂政権」（木本好信編『藤原仲麻呂政権とその時代』岩田書院、二〇一三年）。
（23）註（15）玉井前掲論文。

第七章　氷上志計志麻呂・川継兄弟の生年
―聖武天皇々孫の皇嗣問題―

はじめに

奈良時代には、元明・元正、そして孝謙（称徳）という中継ぎの女帝の存在からしてもわかるように皇位継承が不安定で、天平十四年（七四二）十月の塩焼王配流事件、天平宝字元年（天平勝宝九・七五七）七月の橘奈良麻呂の変、同八年九月の藤原仲麻呂（恵美押勝）の内乱、天平神護元年（天平宝字九・七六五）八月の和気王の謀反、神護景雲三年（七六九）五月の氷上志計志麻呂配流事件、同三年九月の道鏡皇位覬覦事件、宝亀元年（神護景雲四・七七〇）八月の光仁天皇の即位、同三年三・五月の井上皇后・他戸皇太子の廃后・廃太子事件、延暦元年（天応二・七八二）閏正月の氷上川継事件、同四年九月の藤原種継暗殺事件に絡む早良廃太子事件など枚挙に遑がないほど皇位継承を要因とする政争が起こっている。

これら政争のうち、志計志麻呂・川継兄弟は、聖武天皇末娘である不破内親王を母にもち、父塩焼王（氷上塩焼）も阿倍皇太子（孝謙天皇）に対抗して配流となったものの、のちの橘奈良麻呂の陰謀ではクーデター成功後の新帝候補四人うちの一人であって、また仲麻呂の内乱時には仲麻呂によって「今帝」として擁立されるほど皇位に近い存在であったから、称徳朝から桓武朝初期にかけては政治的に属目される存在であった(1)。

本小論では、この志計志麻呂・川継兄弟の皇位継承問題にも係わる重要な課題の一つである二人の生年について概述してみよう。

一　志計志麻呂の生年

志計志麻呂の配流事件とは、『続日本紀』神護景雲三年五月丙申（二十九日）条に、

> 県犬養姉女ら、巫蠱に坐して配流せらる。（中略）逆心を抱蔵きて己首と為りて忍坂女王・石田女王等を率ゐて、（中略）厨真人厨女（不破内親王）が許に窃に往きつつきたなく悪しき奴どもと相結び謀りけらく、朝庭を傾け奉り、国家を乱りて、きらひ給ひてし氷上塩焼が児志計志麿を天日嗣と為むと謀りて挂けまくも畏き天皇の大御髪を盗み給はりて、きたなき佐保川の髑髏に入れて大宮の内に持ち参入り来て、厭魅為ること三度せり。

とあるように、不破づきの宮人で、不破の母である県犬養広刀自と同族の県犬養姉女が、同僚の忍坂・石田両女王とともに称徳を巫蠱で呪殺し、不破の長男である志計志麻呂を天皇に立てようとしたことが、多比乙女の密告によって露呈したもので、志計志麻呂が土佐国に遠流、また姉女達も配流となったという事件であったが、これは宝亀二年八月になって誣告であったことが明らかになっている。称徳が自分の皇位を脅かす存在であって、道鏡への継承をも考えていたことから甥の志計志麻呂を排斥するためにデッチあげた事件であった(2)。

志計志麻呂については、松尾光氏の研究があるが生年については触れていないし(3)、早川庄八氏は事件時に志計志麻呂は二一歳の成人に達していたと仮定し(4)、遠山美都男氏も二一歳になっていたとすれば、天平勝宝元年（天平二

十一、天平感宝元・七四九）生まれと早川説に倣う。(5)志計志麻呂については、これ以外には仲麻呂とともに逃避行のうえ敗死した塩焼王に同行したものの、母不破が称徳の異母妹であったがゆえに連坐から免れたことがわかっているだけである。

よって、その年齢を探るには父母の婚姻時から推測するしかない。塩焼王と不破の婚姻については、塩焼王二八歳、(6)不破は生年の理解が異なり諸説(7)あるが、塚野重雄氏の説かれた一六～一七歳の天平十一年だとするのに説得力(8)がある。直木孝次郎氏は、奈良時代頃の皇女・貴族階級の女性が初出子をもうける平均年齢は、一九～二〇歳前後だとの研究成果を発表している。(9)そこで結婚二～三年後の同十三～十四年頃に志計志麻呂が誕生したと仮定すると、事件時は二九歳頃で早川・遠山説よりもかなり年長であったと思われる。

二　川継の生年

次に川継の事件であるが、『続日本紀』延暦元年閏正月丁酉（十四日）条に、

初め川継が資人大和乙人、私に兵仗を帯びて宮中に闌入す。所司獲へて推問するに、乙人款して云はく、「川継陰に謀りて、今月十日の夜、衆を聚めて北門より入り、朝庭を傾けむとす。仍て乙人を遣して、その党宇治王を召し将ゐて期日に赴かしむ」といふ。是に、勅して、使を遣して川継を追召さしむ。川継、勅使到ると聞きて、潜に後門より出でて逃走す。是に至りて捉へ獲たり。詔して、死一等を減して伊豆国三島に配したまふ。その妻藤原法壱も亦相随ふ。

とみえている。『続日本紀』の記事には曖昧なところがあって事実の解釈には阿部猛・亀田隆之氏の異なる二説(10)が

ある。ここでは詳細に論及しないが、どちらかといえば阿部説が理解するのに無理がない[11]。

この事件は桓武天皇が、天武皇統ではなく、加えて渡来系の卑母出であることから自らの即位に反発する皇親・公卿官人勢力に帝王の威厳を示し、かつ自分の皇位を脅かす有力な皇嗣候補であった川継を追放し、また川継の擁立を企んで反対派を糾合しようとしていた妻法壱の父で、政界の実力者でもあった藤原京家の浜成をも罪に陥れて天皇権力を確立しようとしたものであった[12]。

川継の生年については、桜田真理絵氏が志計志麻呂と川継を同一人物として、志計志麻呂が『続日本紀』に初出した神護景雲三年五月壬申（二十五日）条にみえる時点で二一歳以上と考えて、「聖武没時には八歳以上」つまり天平勝宝元年以前の生まれとする[13]。しかし、同一人物説が検討されておらず、通説では兄弟とするのでにわかに信じがたい。山口博氏は、宝亀十年正月に無位から従五位下の位階に蔭叙になったことがみえていることから、「養老選叙令」授位（三四）条の蔭位による出身は二一歳とする規定を援用して天平宝字三年としている[14]。そうすると事件時は二四歳、志計志麻呂より一八歳ほど年少となって兄弟としては少し年齢差に違和感がある。また、不破も四〇歳近くの高齢出産となる。

山口氏が論拠とした宝亀十年正月の蔭叙時に、川継がかならずしも二一歳だったとは限らない。天平宝字八年九月には、父塩焼王が藤原仲麻呂の内乱で謀反人となって敗死し、神護景雲三年五月には不破が称徳への呪詛事件で京外追放され、兄志計志麻呂も配流となっている。川継の蔭叙は、この両事件によって称徳朝には見送られていたと思われるから宝亀十年正月まで遅れたのである。塩焼王が罪を許されて帰京した天平十七年以降、同十九年頃の出生と仮定すると、事件当時は三六歳前後で、志計志麻呂とは五～六歳差の兄弟ということになって常識の範囲内におさまる。

おわりに

以上、粗雑な考察だが、志計志麻呂は事件時に二九歳頃、川継は三六歳前後、即位するには三〇歳以上との不文律のあった奈良時代にあって、高市・舎人親王系など他に有望な諸王がいない現況で、藤原氏とも血脈のつながる新田部系の二人は、聖武皇孫として周囲の公卿官人らからは有力な皇位継承者[15]として期待をあつめる壮年の年齢になっていたと思う。

註

（1）木本好信「塩焼王についての考察」（『奈良時代貴族官人と女性の政治史』和泉書院、二〇二二年）。
（2）木本好信「不破内親王寸描」（『奈良時代貴族官人と女性の政治史』和泉書院、二〇二二年）。
（3）松尾光「氷上志計志麻呂の名」（『飛鳥奈良時代史の研究』花鳥社、二〇二一年、初出二〇一九年）。
（4）早川庄八「『かけまくもかしこき先朝』考」（『日本歴史』五六〇号、一九九五年）。
（5）遠山美都男『天平の三姉妹』（中央公論新社、二〇一〇年）一一二頁。
（6）中川收「塩焼王をめぐる諸問題」（『北海道私学教育研究協会研究紀要』九号、一九六六年）。註（1）木本前掲論文。
（7）角田文衛「氷上陽侯」（『律令国家の展開』塙書房、一九六五年）。林陸朗「奈良朝後期宮廷の暗雲」（『上代政治社会の研究』吉川弘文館、一九六九年、初出一九六一年）。
（8）塚野重雄「不破内親王の直叙と天平十四年塩焼王配流事件（上）」（『古代文化』三五巻三号、一九八三年）。
（9）直木孝次郎「額田王の年齢と蒲生野遊猟」（『続日本紀研究』三三一号、二〇〇一年）。
（10）阿部猛「天応二年の氷上川継事件」（『平安前期政治史の研究・新訂版』高科書店、一九九〇年、初出一九五八年）。

亀田隆之「氷上川継事件」（『奈良時代の政治と制度』吉川弘文館、二〇〇一年、初出一九九一年）。
（11）木本好信「氷上川継事件と藤原浜成」（『奈良時代の政争と皇位継承』吉川弘文館、二〇一二年、初出二〇〇六年）。
（12）註（11）木本前掲論文。
（13）桜田真理絵「未婚の女帝と皇位継承」（『駿台史学』一五六号、二〇一六年）。
（14）山口博「藤原浜成論」（『古代文化』二七巻一二号・二八巻一号、一九七五・一九七六年）。
（15）註（10）亀田前掲論文、清水美奈子「奈良時代における皇位継承」（『京都橘大学大学院研究論集』四号、二〇〇六年）。註（11）木本前掲論文。詳細は第八章。

第八章　氷上川継の事件再論

―榎村寛之氏著「不破内親王と氷上川継の乱」に反駁す―

はじめに

『続日本紀研究』四三一号（二〇二三年三月）に、榎村寛之氏の「不破内親王と氷上川継の乱」[1]なる論考が発表された。この論考は、榎村氏が二〇〇七年と二〇一七年に発表した宝亀三年（七七二）三月と五月の井上廃后・他戸廃太子事件の背景について、山部親王（桓武天皇）立太子のためであったとする通説[2]を斥けて、「本来の目的は他戸皇太子の廃位ではなく、井上内親王が強力な権力体としての女帝の再来となる芽を摘むことだった」と論じたこと[3]と同様の論法で、川継の乱の背景には「不破内親王を女帝として擁立する計画があったのではないか」、「女帝の可能性を摘む桓武の計画の一つだったのではないかと推論を述べた」ものである。

川継の事件については、著者も二〇〇六年に論じたことがある。その小論では、天武・聖武天皇々統とは何ら血縁のないうえに、百済系渡来人の高野新笠という卑姓の母をもつ桓武天皇が、天皇としての劣性ゆえに、唯一の聖武の血を継承する男性で聖武皇孫である川継と、桓武反対派の中心で川継の義父（川継の妻法壱の父）である式家の参議藤原浜成（この事件に連坐している）が官人らと結びつくことを恐れて、川継・浜成を排除したというのが背景にあったと論じた[4]。

榎村氏は、上述の論旨を論じるにあたって、著者の小論にも触れて、「経緯から見る限り、勝算のない極めて衝動的なクーデター未遂事件で、桓武がわざと隙を見せて唆したのか、川継が極めて思慮の足りない人物だったのか、と見なさざるを得ない所がある。要するにそのまま理解するにはかなり不自然なのである」と疑念を示したうえで自説を展開している。

一　総論的な懐疑点

―『続日本紀』の記事から―

けれども、榎村氏の論旨の展開方途には、はなはだ懐疑的なところがある。

この事件の背景が、不破内親王の擁立計画という女帝の可能性を桓武が排除しようとしたものであったとするのであるが、まずは原点に立ち返って『続日本紀』の記事をあげてみる。延暦元年（天応二・七八二）閏正月甲子（甲午カ）（十一日カ）・丁酉（十四日）・辛丑（十八日）・壬寅（十九日）四か条には、以下のように記されている。

(一)甲子、因幡国守従五位下(A)氷上真人川継謀反す。事露れて逃走す。（中略）また、京畿・七道に下知して捜し捕へしむ。

(二)丁酉、氷上川継を大和国葛上郡に獲へたり。詔して曰はく、「(B)氷上川継は、潜に逆乱を謀りて、事既に発覚れぬ。法に拠りて処断するに、罪極刑に合へり。その母不破内親王は、返逆の近親にして、亦重き罪に合へり。但し、諒闇の始なるを以て山陵未だ乾かず、哀感の情(Y)刑を論ふに忍びず。その川継は、その死を免して、これを遠流に処し、不破内親王幷せて川継が姉妹は淡路国に移配すべし」とのたまふ。川継は塩焼王の子なり。初め川継が資人大和乙人、私に兵仗を帯びて宮中に闌入す。所司獲へて推問するに、乙人款して云はく、「川継陰に謀りて、今月十日の夜、衆を聚めて北門より入り、朝庭を傾けむとす。仍て乙人を遣して、その党宇治王を召し将ゐて期日に赴かしむ」といふ。是に、勅して、使を遣して川継を追召さしむ。川継、勅使到ると聞きて、潜に後門より出でて逃走す。是に至りて捉へ獲たり。詔して、死一等を減して伊豆国三島に配したまふ。その妻藤原法壱も亦相随ふ。

㈢辛丑、大宰府に勅したまはく、「Ⓒ氷上川継は謀反して罪に入る。員外帥藤原朝臣浜成が女は川継が妻と為り。男（継彦）も支党と為り。茲に因りて、浜成が帯ぶ参議并せて侍従を解却す。但し、員外帥は故の如し」とのたまふ。正五位上山上朝臣船主を左降して隠岐介とす。従四位下三方王を日向介。並に川継に党するを以てなり。

㈣壬寅、左大弁従三位大伴宿禰家持、右衛士督正四位上坂上大忌寸苅田麻呂、散位正四位下伊勢朝臣老人・従五位下大原真人美気・従五位下藤原朝臣継彦等五人、職事はその見任を解き、散位はⓏ京外に移す。並にⒹ川継が事に坐せられてなり。自外の党与合せて卌五人、或は川継が姻戚、或は平生の知友なり。

以上、長く引用したが、『続日本紀』は、①四か条のすべてで、傍線（A）から（D）をみてもわかるように川継を謀反の主体として記述している。②浜成は息子継彦が支党でもあったし、娘法壱が川継の妻であったという理由で参議・侍従を解任されていて、やはり川継の縁坐によるものとみえる㈢。③山上船主・三方王らも「川継に党するを以て」左降され、④継彦をはじめ、大伴家持・坂上苅田麻呂・伊勢老人・大原美気らも「川継が事に坐せられてなり」とあって、川継に関わって解任・京外追放になっている㈣。⑤また家持らだけではなく、「川継が姻戚・平生の知友」という理由から三五人が処断されている。この三五人は川継との関係で縁坐となったのであって、不破との関係で縁坐となって処分されたわけではない㈣。傍線（A）～（D）や①～⑤に挙げたように、

『続日本紀』の記事はいずれもが、この事件の謀反が川継によるものであったことを明示している。何より資人の大和乙人に宇治王を誘って北門から侵入して桓武殺害を命じているのは川継であり、不破ではないことが、この事件の背景を如実に物語っている。

それに対して、不破については、⑥「その母不破内親王は、返逆の近親にして、亦重き罪に合へり」と、反逆者の母（近親）でもあるので重い罪に当たるとある（二）。いずれも逆乱・謀反者として川継を主体的に記していて、不破のことはあくまでも川継の母としての従属的な記述内容になっている。この巻三七はもちろん桓武在位中の記述であり、榎村氏説のとおりに仮に不破の擁立を謀った事件であったとしても、桓武がとくに川継を主体的なものとして『続日本紀』の記述を改竄捏造する理由はないから、前掲した『続日本紀』の記事は、詳細なところでは事件経過について曖昧なところがあるが、(5)大よそは事件内容のことを正しく伝えているものと判断してよい。『続日本紀』の記述ぶりからして、この事件の背景が不破の擁立計画であったとは到底思えない。

そして、ふつうに考えてみてほかにも納得できない点はある。その一つは、⑦浜成が、藤原五百重娘をともに祖母とする塩焼王、その息子で、娘婿でもある川継の擁立なら当然ながら関与して連坐になることはありえるが、不破の擁立など考えることなどありえない。それなのに、なぜ解任されて息子継彦とともに連坐になって排除されているのか、⑧また同じように山上船主・三方王が配流され、左大弁大伴家持や右衛士督坂上苅田麻呂ら要職にあった者や伊勢老人・大原美気らのほか、「姻戚」「平生の知友」ら党与三五人までが解任や追放されているのはなぜなのか、家持らも不破を女帝に擁立しようとした画策に聞知・関知していたというのでもあろうか。

榎村氏は、「さしたる後見勢力もうかがえない」として、川継が桓武を打倒し、即位を目途としたとの背景理由を否定する。浜成や船主・三方王・宇治王らと違って、家持らが確固たる川継擁立派であったとは確定できないが、明らかに桓武即位への批判派であったことは確かで、川継の「姻戚」「知友」ら三五人とともに川継と結託する可能性は十分にあったと思われる。ゆえに著者は川継と浜成らが反体制派と結びつくことを恐れた桓武が、この事件を画策した要因の一つであるとしたのである。①〜⑧の事実は、榎村説への動かしがたい反証になると考える。

二　各論的な懐疑点
―論拠の逐次的検討―

前提の井上廃后事件について

それでは、次に榎村氏の論述についての懐疑点を逐次的にとりあげて、著者なりの見解を論じてみることにする。榎村氏は、事件の背景には不破の擁立があったという本論を展開する以前に、前述したように姉の井上廃后、他戸廃太子事件にも触れて、その背景について「この呪詛冤罪の本来の目的は他戸皇太子の廃位ではなく、井上内親王が強力な権力体としての女帝の再来となる芽を摘むことだったと論じたことがある」としている。そして川継事件も、姉井上皇后が廃后された理由と同じような背景をもっていることを前提として、井上廃后事件にも簡単に触れている。

そこで川継事件の検討という本題をはずれるようであるが、まずこの井上廃后の見解についての著者の所感を述べてみる。榎村氏は、井上の排除は、光仁天皇の意をうけて他戸の東宮傅であった大納言大中臣清麻呂が北家・式家の有力者とともに動いたとする。それでは、なぜ光仁を立てて、「強力な権力体としての女帝の再来となる」井上を立てなかったのであろうか。承知のように皇女であっても、既婚者は夫が天皇で、つまり皇后でなければ夫天皇の没後に即位はできない。そのような不文律があったので、将来の他戸の即位を睨んで光仁を中継ぎに立てたということであろう。榎村氏もこれを承知しているから、「光仁を中継ぎに立て、井上の皇后権力を確定させた後、聖武系を重視してその子の他戸を皇太子にする、という手続き」がとられたとしたのである。

だからこそ光仁を中継ぎにして、皇后の地位を得たうえで、老帝光仁没後に即位する思いであったということも考えられる。しかし、すでに皇太子として他戸が立太子しているわけであるから、光仁が没すれば他戸が即位することになって、井上即位の可能性はない。他戸が一二歳の幼帝であって心配もあったかもしれないから、文武天皇即位までの祖母持統女帝、聖武天皇即位までの祖母元明・伯母元正両女帝の中継ぎの例もあるように井上即位の可能性もないわけではないが、井上は皇太后として「他戸天皇」を支えるものと理解するのが一般的な考えであろうと思う。(6)

たしかに井上・他戸の排除は北家を別にして、式家の良継・百川らが中心となって行なわれたことは間違いない。しかし、これは通説のとおりに山部を立てるために、まずは他戸の廃太子を目的に母の井上を陥れて廃后にしたものである。それは一二歳の他戸に父光仁暗殺の罪は現実味が欠けて被せられない。榎村氏は、東宮傅の大中臣清麻呂、皇后宮大夫の北家家依や春宮大夫の式家蔵下麻呂らが連坐していないのは、「大中臣清麻呂はこうした北家、式家の有力者とともに井上排除の方向で動いた」ためだったからだとしている。けれども、井上廃后・他戸廃太子が、「光仁の意を受けて」「大中臣清麻呂が中心となって行ない」「家依や蔵下麻呂らが連坐していないのは、彼らも同調していたからだ」などとするのは想像の域をでない。皇后宮大夫や東宮傅・春宮大夫らが連坐していないという事実だけをもって、彼らが廃后・廃太子に同調していた、なかでもそれを主導したのが清麻呂であったなどと理解するのは、飛躍したまったく何ら根拠のあってのことではない。

著者は、この事件の首謀者は藤原良継、そして『公卿補任』宝亀二年条の百川尻付に引用する「本系」に「大臣（百川）

もとより心を桓武天皇に属せる。龍潜の日よりともに交情を結ぶ。宝亀天皇《光仁》践祚の日に及びて、私かに皇太子に為さんことを計る。時に庶人他部《マ丶》は儲弐の位に在り。公《百川》、しばしば奇計を出だし、遂に他部を廃して、桓武天皇を太子と為す」とあり、また桓武が後年の延暦七年春の百川の息子緒嗣の加冠時、同二十一年六月の神泉苑での宴で涙を流しながら、詔して「緒嗣の父微かりせば、予豈に帝位を践むことを得んや」といったとのことが『続日本後紀』承和十年（八四三）七月庚戌（二十三日）条にみえていることなどを併考して弟の百川、つまり通説に立脚して山部擁立のために良継・百川兄弟が中心となって井上廃后・他戸廃太子を企んだことは間違いないと思う。

そして、井上が光仁の呪殺をはかったからだという理由が、捏造であったということも通説であることを考えれば、井上・他戸の側近とも思われる清麻呂・家依・蔵下麻呂らが無関係であったことは良継・百川らも明確に承知していたわけであるから科罪するはずもない。清麻呂ら三人が科罪されていないのを理由に、この三人も事件を企んだ側にあったと理解するのではなく、良継らの目的はあくまでも他戸の廃太子にあったためであって、ゆえに井上がまったくの冤罪であったということの認識が欲しい。通説は、それまでの研究者の智恵によって成り立っており、その訂正には余程の確実な論拠を提示しなければならないことに自戒をこめて注記しておきたい。井上廃后・他戸廃太子事件に関しては、いずれ機会があれば榎村氏の先論を検討のうえ詳細に論及してみたい。

本論

横道に逸れた。本題の川継事件について思うところを述べていきたい。

榎村氏は、研究史概述のなかで、拙論について、ａ「桓武による反体制勢力の排除と与党の登用を目的とする」としながら、また別にｂ「木本氏は聖武系皇統の皇位継承有力者だった川継と浜成ら反体制派が結びつくことを恐れた桓武がこの事件を画策したとしている」とも記して、引用している。

問題なのは、(1)その拙説bについて、九世紀の事例に例えてみれば不自然がわかるとして、「謀反人を父にするもと二世王だった在原業平より（川継は・著者補）立場が悪い。その業平であっても皇位を狙うクーデターを考えるだろうか」として、川継が皇位を狙うクーデターを考えることはありえないとする。榎村氏は、川継の事件を九世紀の平城天皇の孫で、阿保親王の子在原業平を事例として拙論bを否定している。

しかし、この事例は、まず時代が半世紀近く異なるうえに、何よりまったく政治状況・環境が異なっている。比較する事柄として適切ではない。

川継の場合だが、光仁が没して桓武が即位してまだ一〇か月で一年にも満たない。独身女帝称徳の没後に適当な皇嗣がいない状況で、四半世紀も長く皇位にあり（さらに太上天皇として七年）、かつ称徳女帝の父帝でもあったことから聖武天皇の皇統が色濃く意識される政情のなかで、聖武の血統を繋ぐ孫は、井上の子の他戸王と、不破の長子志計志麻呂(7)・次子川継兄弟以外にはいない。けれども不破はいままでに良からぬ過去(8)があり、志計志麻呂は称徳によってすでに除かれていたから、不破の姉井上の子の他戸王が皇嗣として優先されることは当然であった。そこで他戸王への将来の継承を目的に、井上の夫で天武・聖武皇統でない天智系の白壁王（光仁）が中継ぎで即位することになったのである。反対する一派もあったと思うが、このことが多くの貴族官人が納得した理由であった。しかし、桓武は天武皇統とはもちろんのこと聖武とも何ら血がつながらないだけでなく、浜成が立太子に反対したように卑姓の渡来人を母にもつ天皇として致命的な劣性の宿命をもっていた。

上述のような天皇として適格性を欠く劣性を誰より思っていたのは桓武自身であって、この時に桓武に反対する政治勢力が皇位継承を期待するのは他戸・志計志麻呂がすでに除かれていたから、川継以外には存在しない。桓武への反対派はただ闇雲に反対するということではなく、当然のように桓武に代わる候補者をイメージしていたのであって、川継への期待はそれなりにあったとするのが当然であろう。榎村氏は川継のことを「謀反人とされた塩焼の息子の中級官人に過ぎない」と評価しているが、清水美奈子氏は「草壁系統の男子として好むと好まざるにかかわらず常に注視される存在であった[9]」とするし、亀田隆之氏は「川継を皇位継承者として推そうする者があったとしても不思議ではない[10]」との見解を示している。

それに対して在原業平が、川継と同年齢（榎村氏は二五歳とする）であったと思われる承和年間中頃から嘉祥・仁寿年間頃（八四〇頃～八五三）には、吉川弘文館刊行の『国史大辞典』ですら、弘仁元年（八一〇）の「薬子の変の結果、平城上皇の系統は皇位継承から完全に排除されることとなった」（「薬子の変」項、目崎徳衛執筆）とするように、とっくに平城太上天皇系は皇統からまったく隔絶された存在となっていた。嵯峨天皇から弟の淳和天皇をはさむものの、嘉祥以降は嵯峨皇統が確固として存立しており、嵯峨には仁明天皇以外にも同母の皇后橘嘉智子の生んだ実弟秀良親王をはじめ業良・忠良両親王に加えて、嵯峨源氏として賜姓してはいるものの融・信・弘・常など一五人を越える息子達がいる。桓武に皇統上有力な対抗者が川継しかいなかった政治状況とはあまりにも相違している。この比較はまったく著者の説への反論の正当性をもたない。

(2)次に榎村氏は、川継が「ｉ謀反人とされた塩焼の息子の中級官人に過ぎない」「ⅱ二十五歳とまだまだ若輩で（中略）貴族社会での直接的影響力が大きいとは思えない」「ⅲ有力な同盟者もいたわけではないので」「ⅳさしたる後見勢力もうかがえないので[11]」桓武が川継に仕掛ける可能性は少ないなどとする。しかし、聖武の遺言によって一時は立太子した道祖王も、桓武自身も立太子直前には中務卿という一介の官人に過ぎなかったが、何より血統が重視されて立太子したのである。氷上氏を賜姓してはいても、称徳の後継として吉備真備が天武天皇々孫で長親王の長子の文室浄三を擁立しようとして、それも一時はこれに成功したことがあったことに注視すると、川継の継承は十分にあり得たことだと思われる。上掲の榎村氏の挙げたⅰ～ⅳの四点の川継への認識については、前節をふくめて上述したので繰り返さないが、妥当なものとはいえない。

(3)また、「王が即位した場合でも、天皇の子という体裁を作らなければならないという認識が当時の支配層にあっ」て、「父の氷上塩焼は天皇にはできないのである。塩焼は押勝に連座し、しかも『今帝』として皇位を僭称した人物なので（中略）塩焼が名誉回復されれば恵美押勝の与党もまた名誉回復せざるを得なくなり、（中略）川継が天皇になっても、著しく正統性に欠けた天皇にしかなれず」とする。それを克服するために「継嗣令」皇兄弟子（一）条の本注にある「女帝の子も親王とする」との規定から、不破が即位すれば川継は自動的に親王となることになって母から皇位を継承できることから、まずは不破の即位を企んだのが、この事件の真相だとするのである。

しかし、仁藤氏の「継嗣令」の解釈には疑問が呈されてもいるし、[12]『続日本紀』宝亀元年六月壬辰（一日）条には、「前後の逆党」（橘奈良麻呂の変・恵美押勝（藤原仲麻呂）の内乱）に縁坐した人びとの免除が検討され、同元年十一月乙酉（二十七日）条には、「先後の逆党、一切に皆原宥に従へ」とあり、同四年四月壬戌（十七日）条にも「宝字元・八両度の逆党の遠近の配流も亦、放し還すべし」とみえて、押勝の内乱による縁坐の罪は全員赦免になっている。現実に押勝派であった大原今城や多治比木人らは宝亀二年閏三月に、押勝の六男刷雄ですら同三年四月に復位し、同三年七月には親族二一人ももとの「藤原朝臣」を称することが許されている。これと前後してわかっているだけで一〇人以上も復位している。すでに川継事件が起きた天応二年（延暦元年）閏正月より随分と以前に押勝与党の名誉が回復されており、塩焼王の名誉も早くに回復されていたものと考えてよかろう。「塩焼が名誉回復されれば恵美押勝の与党もまた名誉回復せざるを得なくなり、（中略、ゆえに・著者補）川継が天皇になっても、著しく正統性の欠けた天皇にしかなれず」との理解はあたらない。よって、まず母不破が即位するという理由も成り立ちがたいといえよう。

(4)なお、大きな問題として榎村氏は、「養老賊盗律」謀大逆条の縁坐が、父・息子が没官、祖父と兄弟が遠流と規定して男系にのみ適用され、唐律のように母や娘など女子への科罪を対象としていないことに着目する。そして、不破が、夫塩焼王が押勝の内乱時に「今帝」として擁立されて敗死したにも拘わらず連坐しなかったのは、この律条文によるものだとする。それが今回の川継事件では、娘で川継の姉妹らとともに淡路国に「配流」されているのは、不破自身の即位が目的という背景があってのことからであり、前述のように川継は自動的に親王となって、母不破から皇位を継承して正当な天皇になりうることも可能になるというパターンが考えられていたのではないか、つまり不破を擁立する計画があったからではないかという。

しかし、これらの理解には数点の疑問がある。

㋐まず、「養老賊盗律」謀反（一）条によって母や娘が縁坐にならない規定であるのに、不破が淡路国に「配流」となっているのは、「極めて特異なケース」「かなり恣意的に法を枉げたもの」だとして、それは不破自身に擁立計画があったからではないかと示唆する点である。しかし、この示唆に矛盾と反する事実がある。㈡の記事には、「不破内親王は、返逆の近親にして、亦重き罪に合へり」と、女性でも近親者は重い罪になると記している。何より榎村氏は、勘違いをしている。不破と川継の姉妹は「配流」されたとしているが、前掲『続日本紀』㈡の傍線(Y)には「移配」とある。前述の亀田氏は、「移配」は配流とは違って、「法律的な罪科ではなく、詔勅による政治的な判断に基づく強制的な移住と見なすことができる」[13]としている。それに加えて同様の例として、天平宝字八年（七六四）十月、称徳が淳仁天皇を廃位した時に、母当麻山背ら両三人も一緒に淡路国に追放している事実がある。淳仁は六千の兵士を徴発して、称徳の打倒を謀ったとの理由で淡路国に事実上の追放（『続日本紀』には「退け賜ふ」とある）になったのであるが、山背がこれに参画していたとはとても思えない。息子淳仁の母としての淡路国への「移配」と思ってよい。まさに不破の「移配」理由の「返逆の近親にして、亦重き罪に合へり」と同じである。

よって不破が淡路国への「移配」になっているからといって、女性に縁坐規定のない「謀大逆」（謀反）条文を論拠にして、不破も事件に参画、自身の擁立が背景にあったからだとするのは成立しない。

㋑また、この時に聖武の娘とはいえ、政界が女帝を望む状況ではなかったこともある。榎村氏とは異なる理解だが、皇后であった井上すら即位するなど考えられていなかった当時にあって、不破を即位させるなどのことが考量されていた蓋然性は少ない。まず不破自身が自らの即位を考えていたはずがない。神護景雲三年（七六九）五月、不破は長子志計志麻呂が土佐国に遠流になった時、同族で仕えていた県犬養姉女に対して、忍坂女王・石田女王らとともに異母姉称徳の呪殺を企てさせて、『続日本紀』同三年五月丙申（二十九日）条に「児志計志麿を天日嗣と為むと謀りて」とあるように、志計志麻呂の即位を謀り、そのことが露呈したということがあった。不破は称徳から甥である志計志麻呂への継承を期待していたこともあったのではないかと思うが、道鏡への継承の具体的な言動がみられるようになると、焦って志計志麻呂の即位を願って称徳の呪殺を謀ったと思われて京外に追放されたのであった。後に冤罪であったことが判明するのであるが、仕掛けた称徳や当時の政界にも志計志麻呂を措いて、不破自身の即位行動など考慮してはいなかった。

つまり不破は、この川継事件にも自ら即位するなどのことは毛頭考えてはいなかった。志計志麻呂の即位を願って姉女らに称徳の呪殺を指示したとされた時にも、夫塩焼王敗死事件とは相違して、称徳の怒りに触れたということで「謀大逆」の律条とは関係なく、「京中に在らしむること莫れ[14]」として京外に追放、つまり「移配」されたのである。それでも称徳は異母妹でもあったからであろう、不破に封戸四〇戸、田一〇町を与えている。今回も不破は自らの即位などは眼中になく、長子志計志麻呂の時と同じように次子川継の擁立を願っていたはずである。

㋒光仁が桓武への譲位時に、「如此の時に当りつつ、人々好からぬ謀を懐ひて天下をも乱り、己が氏門をも滅す人等まねく在り。（中略）清く直き心を持ちて仕へ奉るべしとなも念しめす[15]」と詔しているように、桓武の即位に反対する公卿官人が多くおり、前述のように川継らと結びつく可能性もあった。光仁が没して即位後間もないいまだ聖武皇統の正統性が重視されるなかで、皇位にあることの正統性がない桓武にとってこの時は最も危険な政情にあった。川継の周辺にも桓武の即位を不平不満に思う雰囲気は色濃くあり、亀田・清水両氏の説くごとく、唯ひとり聖武の血を受け継ぐ川継に期待が集まり、これを勧奨する言動があった可能性が高い。

このような状況下で、上述のように皇位継承者としての劣性をいちばん重く感じ、また苦悩感を懐いていた桓武が敏感に反応して、機先を制して川継を除くために事件を画策した可能性は十二分にある。称徳と違って桓武には不破への遠慮はいらない。京外追放などという手ぬるい処分ではなく、淡路国への移配という詔勅による処分は十分に納得できる処断だといえる。榎村氏は、律条によって本来は連坐されない女性である不破が科罪されているのは、不破を女帝に擁立する計画があったからだとするが、劣性であるがゆえに桓武からすると一層川継の血統上の尊貴性は脅威であって、また反対派官人らの動向は看過できないことであった。

川継の妻法壱の父式家浜成は参議で、浜成の父麻呂は天武末子で川継の祖父新田部親王の同母弟である。また讃岐介に左遷された山上船主、日向介に左降された三方王と妻で舎人親王の孫娘弓削女王らも科罪されている。さらに浜成・継彦父子だけでなく、家持や莿田麻呂・伊勢老人らも解任・京外追放に処分されている。榎村氏は、この事件の背景には不破の擁立計画があったと結論づけるのであるが、それでは前述したように浜成、継彦父子や船主・三方王・宇治王、そして家持・莿田麻呂ら処分された者たちも不破の擁立計画に少なからず関係していたというのであろうか。著者からいわせれば、川継の血縁で岳父でもあった浜成、そして家持・莿田麻呂らは聖武の血をひかない桓武即位に納得できなかった光仁の指摘した反対派官人であって、聖武皇孫の川継に期待することはあっても、不破の擁立を志向していたなどのことはありえない。

桓武は、即位後に公卿勢力とも対立していたことから、その代表である左大臣藤原魚名父子らを無実の罪に陥れて失脚させ(16)、藤原種継暗殺事件では実弟の皇太弟早良親王を死に追い込み、甥の五百枝王を伊予国に流すなど、皇権確立のためには容赦ない処断を直行している。この事実(17)を思えば、不破が直接的に事件に関与していなかったとしても罪をかぶせて不破自身にも「亦重き罪に合へり」と罪状があったとして、後顧の憂いを断つために政治判断でもって淡路国に「移配」して、すべてを処分するという企みをもっていたと考えるのが当然であろう。

榎村氏は、事件の「その背景には光仁朝にあった聖武系皇族全般に対する重視意識への強い危機意識があったのではないかと考えられる。（中略）桓武は不破がいる限り、その子の即位の正当化の論理が十分にありうることを意識して、三人をまとめて排除した、と考えられる」と記している。この認識は、不破を即位させなくても川継の擁立は可能であるということをも示す認識ではないのか。こう考えているとすると、桓武は不破の子川継にこそ、「即位の正当化の論理が十分にあり」、その川継とともに不破をも「まとめて排除した」と考えられることになるのではないかと思うのである。

おわりに

最後に、榎村氏は「不破やその娘も、当時の社会の中では最後まで女帝の可能性を残した存在だったので処分された。つまり川継の乱もまた、（不破の・著者補）女帝の可能性を摘む桓武の計画の一つだったのではないかと推論を述べた次第である」と結論づけている。

そして、この事件も「姉の井上と同様に」と述べるように、井上廃后・他戸廃太子事件も、通説である他戸を廃して山部（桓武）を立てるためであったということを排して、井上こそを排除することに目的があったとする。他戸が皇太子としているのに、なぜ他戸より井上に斎王という「称徳とは異なる聖俗を兼ねた権力集中が想定できた」ことから即位の可能性が大きかったとすることの理解には依然として釈然としないのと同様に、川継事件も川継という男帝となりうる者がいるのに不破即位の可能性に正当性があり、桓武が危険視したとする見解にも釈然としない。榎村氏がこのような結論を導き出して女帝即位の可能性を簡単に拡大視する見方には、瀧浪貞子氏の女帝は明らかに男系社会の所産であって、男帝と同一視する存在としたのでは歴史性を無視する理解であり[18]、成清弘和氏の男系皇嗣が優先されていて女帝は次善とするとの見解をまつまでもなく[19]、まことに容認しがたい。

榎村氏は、川継は一介の中堅官人に過ぎない支持する政治勢力も乏しい、謀反人塩焼王の息子であるので即位の可能性はないから、桓武から仕掛けることがないと著者の見解を排斥するのである。しかし、当時にあっては川継以上に男系優先の皇位への即位の可能性のある者はなく、不破が桓武に対抗して女帝になる可能性があったとは思えない。ジェンダー論を意識するあまりに女帝の存在を意図的に過大視し、不破の女帝の可能性を主張して、男帝となりうるより可能性のある川継即位の可能性を否定する見解について、著者にはまったく理解できない。

註

（1）榎村氏は、「『氷上川継の乱』と称されている」とするが、専論で「乱」とするのは、林陸朗氏（「奈良朝後期宮廷の暗雲」『上代政治社会の研究』吉川弘文館、一九六九年、初出一九六一年）だけで、阿部猛氏は事件とする（「天応二年の氷上川継事件」『平安前期政治史の研究・新訂版』高科書店、一九九〇年、初出一九五八年）。亀田隆之氏も（「氷上川継事件」『奈良時代の政治と制度』吉川弘文館、二〇〇一年、初出一九九一年）、著者も「氷上川継事件」としている（「氷上川継事件と藤原浜成」『奈良時代の政争と皇位継承』吉川弘文館、二〇一二年、初出二〇〇六年）。「氷上川継の乱」と称するのは一般的ではない。最近、関根淳氏は、「事件」と「変」の影響を区別するならばとして、桓武王権の確立に大きな意味をもつものとして、「氷上川継の変」とするのが妥当だとする（「古代における戦乱・政変の呼称」『奈良時代政治史研究』一号、二〇二三年）。

（2）井上が光仁の呪殺を謀ったとする『続日本紀』記事を首肯する論説としては、村尾次郎『桓武天皇』（吉川弘文館、一九六三年）、中川收「光仁朝の成立と井上皇后事件」（『奈良朝政治史の研究』高科書店、一九九一年、初出一九六七年）などがあるが、後年になると渡辺晃宏『平城京と木簡の世紀』（講談社、二〇〇一年）、舘野和己「井上内親王・不破内親王・他戸親王」（『平城京の落日』清文堂出版、二〇〇五年）、西本昌弘『早良親王』（吉川弘文館、二〇一九年）、倉本一宏『藤原氏の研究』（雄山閣、二〇一七年）などは、井上は無実であって良継や百川ら式家が山部（桓武）の立太子を実現するために障害となる井上・他戸母子を排除したとの方向性で理解している。これが現状の研究動向である。

（3）榎村寛之「元・斎王井上内親王廃后事件と八世紀王権の転成」（『国立歴史民俗博物館研究報告』一三四号、二〇〇七年）。同氏には関係論文として、「井上廃后事件と光仁朝」（『宮城学院女子大学キリスト教文化研究所研究年報』五〇号、二〇一七年）という論文もある。

（4）註（1）木本前掲論文。
（5）『続日本紀』の記述が明解な記述でないために、川継の反逆行動の経緯・日程について、阿部氏と亀田両氏の二通りの解釈がある（ともに両氏の註（1）前掲論文）。
（6）河内祥輔氏は、『水鏡』の記事の史料性を加味したうえで、他戸は廃太子時に一二歳であったとする（『古代政治史における天皇制の論理』一三三頁、吉川弘文館、一九八六年）。
（7）志計志麻呂のことは、註（1）林前掲論文、遠山美都男『天平の三姉妹』（中央公論新社、二〇一〇年）、松尾光「氷上志計志麻呂の名」（『飛鳥奈良時代史の研究』花鳥社、二〇二一年、初出二〇一九年）などに詳しい。
（8）不破の良からぬ過去とは、天平十四年の夫塩焼王の配流事件を指しており、この事件には不破が絡んでいて（勝浦令子『孝謙・称徳天皇』八二頁、ミネルヴァ書房、二〇一四年）、じつは阿倍皇太子（孝謙）に対抗して、実弟安積親王の擁立を謀った首犯であったとする説（塚野重雄「不破内親王の直叙と天平十四年塩焼王配流事件（上）」『古代文化』三五巻三号、一九八三年）がある。著者は安積親王ではなく、後年に聖武が孝謙の後継者として塩焼王の実弟道祖王を遺言で皇太子に指名していることなどを勘案して、不破は天武皇孫で夫塩焼王の擁立を策したものと理解した（「不破内親王寸描」『奈良時代貴族官人と女性の政治史』和泉書院、二〇二二年）。
（9）清水美奈子「奈良時代における皇位継承」（『京都橘大学大学院研究論集』四号、二〇〇六年）。
（10）註（1）亀田前掲論文。
（11）榎村氏は、山口博「藤原浜成論」（『古代文化』二七巻一二号・二八巻一号、一九七五・一九七六年）の天平宝字三年出生説に拠っている。そうだとしても数え年でも二五歳ではなくて二四歳である。著者は兄志計志麻呂の五～六歳年下の天平十七～十九年頃の誕生で、三六歳前後ではなかったかと推論したことがある。詳細は第七章。
（12）遠藤みどり氏は、天皇として即位した以上は男女の別なく天皇であり、女帝も皇位継承の再生産を担うべきとされていたものの、実際は天皇の血統というものは男性をとおして受け継がれていくものとの考え方がすでに確立していたとする（『日本古代の女帝と譲位』一五八頁、塙書房、二〇一五年）。また吉川敏子氏は、女帝と男帝とを同等とするための一文という見解があるが、これは親王の待遇を認められる親族が子に限定されることを意味していると解すべきで、そもそも男帝と女帝の差を想定していないのであれば、かかる本注は不要であると仁藤説を否定する（「女帝と皇位継承」『史聚』四一号、二〇〇八年）。

(13) 註（1）亀田前掲論文。

(14) 『続日本紀』神護景雲三年五月壬辰条。

(15) 『続日本紀』天応元年四月辛卯条。

(16) 中川收「左大臣藤原魚名の左降事件」（『国学院雑誌』八〇巻一一号、一九七六年）、亀田隆之「藤原魚名左降事件」（『奈良時代の政治と制度』吉川弘文館、二〇〇一年、初出一九八九年）、木本好信「藤原魚名の左降事件について」（『藤原北家・京家官人の考察』岩田書院、二〇一五年、初出二〇一二年）。

(17) 木本好信「藤原種継暗殺と早良廃太子の政治的背景」（『藤原式家官人の考察』高科書店、一九九八年、初出一九九七年）。木本好信『藤原種継』（ミネルヴァ書房、二〇一五年）二三四～二四一頁。西本昌弘『早良親王』（吉川弘文館、二〇一九年）一一六～一一七頁。

(18) 瀧浪貞子『女性天皇』（集英社、二〇〇四年）二〇七頁。

(19) 成清弘和『日本古代の王権継承と親族』（岩田書院、一九九九年）一三八頁。

追記

瑣末なことだが、榎村氏の勘違いと思われることを三点付記しておく。まずその一点、榎村氏は複数箇所で孝謙・称徳女帝の諱を「阿部内親王」、その二点、「長姉と見られる阿部内親王は」などと記述している。しかし、『続日本紀』天平十年正月壬午条には「阿倍内親王」、『日本霊異記』下巻第巻三八には「阿倍の内親王」とある。普通は「阿倍内親王」を用いる。それから井上内親王生年の論拠となる確実な史料はないが、『水鏡』には宝亀三年に五六歳とあることから養老元年を生年とする理解が一般的である。阿倍は、『続日本紀』宝亀元年八月癸巳条に享年五三とあるから養老二年生まれである。確定しているわけではないが、阿倍内親王を「長姉」とする論拠をご教示いただきたい。その三点、吉備真備が

「文屋大市、浄三兄弟のいずれか」の即位を主張したがとあるが、別箇所では「前述の文屋浄三、智努兄弟があるが」、注(19)でも「文屋浄三、智努兄弟は長親王の子で」としている。浄三は、智努の改名後の名前で同一人物であり、浄三は『公卿補任』から持統天皇七年生まれ、大市は『続日本紀』から慶雲元年生まれとわかるから、「文室(こちらが一般的)浄三、大市兄弟」とするのが適切である。

ついでに校正ミスと思われる二点、一点は「諸賢の諸賢のご批判を」と、「諸賢の」が重出している。二点は、先学研究の紹介とその注記の二箇所で、(元・東京学芸大学々長で著名な古代史研究者の)阿部猛氏のことを「阿倍猛氏」と間違って記している。著者は、阿部氏とは長年の交友があったから「阿倍」ではなく「阿部」だと断言できる。

第九章　竹野女王について
―出自、後宮と政権―

はじめに

竹野《たかの》女王、奈良時代初中期の人物で、『続日本紀』にわずか三か所昇叙記事がみえるのみで、出自や生没年などはよくわからない。ただ後宮で重要な地位にあったらしいことが推測できるだけである。「竹野」は、丹波国竹野郡竹野郷（和銅六年（七一三）以後は丹後国）を本貫とする竹野氏出自の女性を乳母としていたことから名づけられたものであろう。(1)

ところが、長屋王家木簡が発掘されて、そのなかに「竹野王子」「竹野皇子」「竹野王」など墨書した木簡が出土して、長屋王家木簡の一連の研究で「竹野女王」と同一人物とされるところとなった。けれども、その出自や存在については疑念も残り、そして後宮での立場と政権との係わりなど、まだ論及すべきことが残されている。

そこで本小論では、長屋王家木簡との関連について先学の成果を参照・確認しつつ、後宮の宮人としての竹野女王と橘諸兄政権・藤原仲麻呂政権との関係について、少しく寸評してみようと思う。

一　長屋王家木簡と竹野女王の研究史

　長屋王家木簡のなかで、上記の竹野女王と同名の「竹野王子」などと記された木簡六点が「平城宮発掘調査出土木簡概報」（二一）―長屋王家木簡―」で公表されたのは一九八九年五月のことであった。そして十一月の『木簡研究』第一一号には、大山誠一氏が「所謂『長屋王家木簡』の再検討」と題して、長屋王家木簡が出土した平城京左京三条二坊一・二・七・八坪を長屋王邸とすることに疑問を示して、長屋王家木簡の再検討を行なう過程で、「竹野王子」と竹野女王についても長屋王との関係を中心に触れている。

　大山氏は、「竹野王子」は「竹野皇子」ともみえるが、竹野女王のことで、『続日本紀』の昇叙記事や『公卿補任』割注の位階表記と矛盾しないことから、竹野王子（皇子、以下略）と竹野女王とは同一人物だとする。(2)

　大山氏の見解をうけて、鬼頭清明氏は、『続日本紀』は「竹野女王」と「竹野王」とを混用しているが、同一人物と考えてよさそうであるとした。そのうえで、木簡が長屋王家から米を支給した内容であり、木簡の年紀から和銅三～七年頃から養老元年（霊亀三・七一七）まで、(3)竹野女王は長屋王邸に同居していたとする。(4)そして、近江俊秀氏は遷都時に長屋王邸に近い一等地を与えられていたとし、(5)渡辺晃宏氏は具体的に長屋王邸の東に接する九坪、あるいは十坪に邸宅を構えていたのではないかと推察している。(6)また鬼頭氏は、明日香村稲淵に所在する竜福寺境内にある四層石塔の第一層に「天平勝宝三年歳次辛卯四月廿四日庚子　従二位竹野王」とあるのと、位階が矛盾しないことから、この「竹野王」も竹野女王のことだとする。(7)さらに東野治之氏も、木簡の一本に「竹野王子女医二口」とあるから「竹野王」と「竹野女王」は同一人物としている。(8)

そして「竹野女王」の出自について、大山氏は同じく長屋王家木簡の「山形王」が、「竹野王」と同じように長屋王の姉妹である山形女王に違いなく、彼女より位階の昇進が遅れていることから「長屋王・山形女王の妹と考えるのがもっとも妥当であろう」とする。[9] 加えて西野悠紀子氏は、山形女王と竹野女王がともに「余女」という女性労働者を共有の形で使役している木簡があることから姉妹関係にあったと追認している。[10]

そうなると、竹野女王は高市皇子の娘ということになるが、その生年はいつのことであろうか。『公卿補任』天平十六年（七四四）条には、「竹野王」の割注に二月、また「或本云」を引いて前年五月五日に従三位に叙せられたかとして、「天智天皇十年（六七一）辛未生」と注記している。しかし、竹野女王が正四位下から従三位に昇叙したのは、『続日本紀』によると天平十一年正月のことで異なり、何より『公卿補任』が女性を掲載することはないから、ただちに同一人物とはいえない。これに関して大山氏は、生年を天智十年とするのは誤りで、山形女王の妹とすれば天武十年辛巳（六八一）の誤りであろうとする。[11] さらに論を進めて、天武十年生まれで、木簡の年紀である霊亀二年頃には三六歳、『公卿補任』天平宝字二年（七五八）条の竹野王の割注に、「今年に至りて補任不詳、薨ずるか」との記事を「あながち見当違いとも言えず」として七八歳で亡くなったと推測している。[12] しかし、ただ単に「天智天皇十年」を、「十年」が共通するということだけで「天武天皇十年」の誤謬だとするのには疑問を感じる。森公章氏も、八〇歳近くになるから世代的には長屋王と同じかそれより上とするのがよいと思われると記している。[13] 長屋王の生年は、かつて天武十三年とする説もあった[14]が、いまは天武五年とされる[15]から、天武十年生まれでも妹とすることに矛盾はない。

二　竜福寺石塔銘文の「竹野王」と竹野女王

長屋王家木簡と絡めて、上述の竜福寺石塔銘文「天平勝宝三年時の従二位竹野王」と、竹野女王を同一人として、銘文を詳細に紹介のうえ検討したのが前述の鬼頭氏である。

鬼頭氏は、竜蓋寺・竜門寺などとともに竜福寺を造立したのが僧義淵であって、『元亨釈書』『扶桑略記』の記事から天智天皇と深い関係が指摘でき、また『東大寺要録』所引「龍蓋寺記」が、義淵は草壁皇子とともに岡宮で養われたと伝えていることから、竹野女王は天智や草壁と関係あることを否定できないとする。また長屋王家木簡のなかに「竹野王子山寺造雇人米二升」と記したものがあって、「山寺」が天智が創建したと伝える「志我山寺」（崇福寺）であれば、さらに天智や草壁との関係が一層はっきりすることから、高市の娘で長屋王の姉妹であってもよいとし、天武十年生まれとすれば、草壁の夫人としては年齢が若くなり草壁の娘か姪ということにもなるという。草壁夫人の一人であることもふくめて、もっと広い可能性を考えてよいと思われ、長屋王邸から木簡が出土したからといって、長屋王の血縁者を対象とする必要はないなどと詳述する。そして、長屋王の妻吉備内親王とその両親（草壁・元明女帝）とも関連のある人物とも考えることができると結論づける。[16]

大山氏は、この鬼頭氏の主張にまったく同感と首肯して、さらに石塔に「朝風」[17]の一語がみえるのに対して、即位前の氷高内親王（元正女帝）[18]関係の木簡に同義語の「旦風」がみえていること、元正女帝の大命を伝えた木簡にも「志我山寺」とみえていることから、竹野女王と「山寺」との関係も、草壁、元明・元正との延長線上で考えねばならず、氷高内親王宮に居住していたかもしれないと鬼頭氏の主張を敷衍する。[19]

ただ、「山寺」は志我山寺ではなく、明日香村平田峠付近にあった寺ではないかとの理解もある[20]。元明の大命木簡に志我山寺とあることから、「山寺」は志我山寺の可能性が高いとは思うが、だからといって草壁夫人や娘・姪の可能性を指摘することや、「朝風」と「旦風」の同義語使用からだけで、氷高との親密な関係を指摘することは、森氏が「当否を決めることはできないが[21]」とするように早計だと判断される。

以上の事柄を併考すると、竹野女王は、長屋王邸跡から出土した木簡に「竹野王子」などと記された人物と同一人物であり、長屋王家から米を支給され、長屋王の姉妹とされる山形女王と共同で同一の使用人を使役していることなどが、ほぼ事実と認められることからすると、長屋王・山形女王の妹で、高市皇子の娘であるのは間違いないことであると思う。

三　竹野女王は藤原武智麻呂の妻か

そこで、草壁の姪説は別として、娘とか夫人説は、前述したように論拠不足であって納得できるものではない。ことに草壁夫人説は有効な論拠があるとはいえない。では、竹野女王は結婚して誰の妻となっていたのかであるが、これについては前掲の諸論文にはみえないが、管見したなかで唯一触れる論考が角田文衛氏の論攷[22]である。

角田氏は、まず『続日本紀』天平九年二月戊午（十四日）条の、「夫人无位藤原朝臣の二人 名を闕けり。 に並に正三位。正五位下県犬養宿禰広刀自、无位橘宿禰古那可智に並に従三位」との記事に注視する。そして、この名を闕く夫人藤原朝臣の二人が武智麻呂と房前の娘であり[23]、房前の娘の母が県犬養橘三千代の娘である無漏女王であるとしたうえで、『続日本紀』天平十一年正月丙午（十三日）条にみえる二一人の後宮人事のなかで「正四位下竹野女王、従四位下無漏女王に並に従三位」とあるように、無漏女王が一挙に四階も昇叙したのは、尋常な昇叙ではなく、夫房前が他界していることを思えば、房前の娘である夫人の生母であったという理由しか考えられないとする。

そして、無漏女王とともに竹野女王が従三位に昇ったのも、もう一人の夫人武智麻呂の娘（南夫人）の生母であることに由来するとして、無漏女王と竹野女王のような女性は、当時の最高級の官女で太政官の有力な執政の正妻・本妻や皇后・夫人の生母に限られるとして、竹野女王は武智麻呂の本妻であったと結論づけている。さらに別著『日本の後宮』でも、天平勝宝三年（七五一）正月に竹野女王が破格の従二位に叙されたのも南夫人の生母であったためだとしている[24]。

けれども、この角田氏の主張は容れられない。天平十一年正月の昇叙は、後宮宮人二二人の昇叙という後宮刷新のためのもので、後述するように竹野女王と無漏女王の従三位への昇叙は刷新に際して尚侍に任じるためのものであって、天平九年二月の武智麻呂・房前の娘が夫人となったことをうけてのこととは関係ない。須田春子氏は、かつて「養老後宮職員令」夫人（二）条に、夫人は三位以上との規定のあることを勘案して、正三位への叙位のあった天平九年二月に武智麻呂・房前の娘が入内したと理解したが[25]、のちに直木孝次郎氏は「養老選叙令」授位（三四）条にある二一歳以上で授位するという規定を援用して、二人はこの時に二一歳となったのであるが、二一歳の入内では遅すぎるのであって、入内は適齢期の一七歳時と推測して天平五年頃であったとした[26]。

しかし、須田・直木説のように理解すると、この時に昇叙した四人が、ともに入内し、かつともに二一歳だったということになる。まず、そのようなことは考えられない。何より広刀自は、養老元年（霊亀三・七一七）には井上内親王を生んでいるから、大宝元年（文武五・七〇一）頃の生まれとされて、すでに三七歳前後であった。著者は、かつて四人のうち、房前の娘は三千代の娘牟漏女王の生んだ孫娘、古那可智は息子佐為の生んだ孫娘、広刀自は従姉弟唐の娘であり、光明皇后をふくめて五人の妻妾のうち四人までが聖武の母親代わりの乳母三千代の進めた女性であることを考慮して、すくなくとも房前の娘・古那可智の入内は、対立する武智麻呂の反対の可能性を考慮して三千代の没した天平五年正月以前、天平三・四年のことであった可能性が高いとした。[28]

そう考えると、天平三・四年頃より同十一年の無漏女王の昇叙まで時間がありすぎる。竹野女王についても同じことがいえる。また南夫人は天平二十年六月に早世しているが、これから竹野女王が従二位に叙された天平勝宝三年正月まで二年半もある。南夫人と竹野女王とは関係ないと思う。結論として、「竹野女王は武智麻呂の本妻であって、南夫人の生母である」とする角田氏の主張は成立しない。

四　橘諸兄政権成立と後宮の刷新

前述したように、天平十一年正月に正四位下の竹野女王と、従四位下無漏女王を従三位とするなど二二人の女性の昇叙があった。この一連の昇叙は、後宮刷新のための叙位であるが、これは橘諸兄政権の成立と一連のものであったと推論される。

後宮女官は、職掌から天皇の動向を把握したり、国家の機密に関与したりするには有利で、時には天皇の行動に影響を与えることも可能である。[29]とくに「常侍・奏請・宣伝に供奉する」内侍所長官二名の尚侍は、原則として口頭での伝達であったものの、[30]「内侍所牒」として文書を発給することもあり、[31]詔勅発給にも関与するなど[32]政権主導者にとってとくに重視される存在であった。

天平九年四月から八月にかけて政権の中心であった武智麻呂・房前・宇合・麻呂四兄弟、多治比県守の疫病死によって武智麻呂政権が瓦解した後、諸兄は同九年九月に参議より中納言を越任して大納言に、さらに翌同十年正月に一挙に右大臣に補任されて、思いがけずに政権を主導することになった。参議鈴鹿王を知太政官事に、県守の後任として参議任用後一か月に満たない多治比広成を中納言に、武智麻呂長男の豊成を参議に採用するなどしたものの、従来から参議であった大伴道足を加えても五人の、それも太政官を領導するには経験不足の者ばかりで、諸兄を中心とする政治体制は不安定なものであった。

それだけでも諸兄の苦慮するところであったが、さらに諸兄を悩ましたことは、武智麻呂政権瓦解後の藤原氏復権をめざす式家広嗣を中心とする反体制派勢力の存在であった。広嗣は、疫病など天変地異が起こるのも政治が悪いからだとして政権批判を繰り返していた（付論二参考）。同十年十二月、これに対して諸兄は広嗣を大宰少弐に左遷し、やはり反対派の中心にいた広嗣の伯父（叔父）で、有力な参議候補者であった石上乙麻呂をも男女のスキャンダルに事寄せて不当にも土佐国への流罪に処断して排除、やっと同十二年四月になって同族の県犬養石次や大野東人・巨勢奈弖麻呂・大伴牛養らを参議に登用するなどして、政権の維持強化に必死になっていた[33]。宮人人事の天平十一年正月は、その最中のことであった。

このような政治的苦境にあった時、政権の成立にとって後宮の支援は必須であったと思う。牟漏女王は諸兄にとっては妹である。たぶん従四位下という位階にあったから、母三千代が尚侍として後宮を掌握していた時から宮人として務めていたこともあって、一挙に四階も昇叙させて尚侍に任じて、後宮からの政権成立への協力を願ったのである。伊集院葉子氏は、「昇叙自体は、自身の女官としての功績で得たものだといえよう[34]」とするが、それは諸兄の関与があってこそのことだと考えるべきである。政権領導者を、妻の尚侍が後宮から助力して安定した政権運営に努めていたことは、藤原不比等と県犬養橘三千代、長屋王と藤原長娥子、藤原豊成と藤原麻呂の娘百能、藤原仲麻呂（恵美押勝）と藤原房前の娘袁比良（女・売）、藤原永手と大野東人の娘仲仟、藤原良継と阿倍粳虫の娘古美奈など枚挙に遑がない。

ただ、上記のように諸兄の場合は妹無漏女王であって、なぜか妻ではなかった。諸兄の妻は、『公卿補任』『尊卑分脈』によると、不比等と三千代との間に生まれた四女多比能で、奈良麻呂を生み、「従三位」の位階にあったとあるが、他に『続日本紀』などの史料にはみえない。三女光明皇后の妹となれば、大宝元年以降の生まれであろうが、没年などは不詳である。角田氏は、いかに左大臣諸兄の正室であっても、家居していては到底高位に叙されることはないから、この天平十一年正月に従五位下から従四位下に、天平勝宝元年（天平二十一、天平感宝元・七四九）四月に従三位となったやはり不比等と三千代の娘である藤原吉日こそが諸兄室の多比能と想定でき、多比能は吉日＝吉日娘＝支比娘→多比娘→多比能との誤写過程をへたのであり、同一人物とする。[35]高島正人氏もこれに倣うが、[36]どうも素直に納得できかねる。

多比能にしても、この時の二二人のなかにみえず、たとえ多比能が吉日と同一人物であったとしても、さすがに諸兄としても吉日を従五位下から尚侍相当である従三位に昇叙して尚侍とすることはできず、四階昇らせて従四位下とするのが精一杯であって、すでに従四位下にあった妹牟漏女王を尚侍として後宮からの助力を期待するしかなかったのである。

それでは竹野女王と諸兄とはどのような政治的な関係にあったのだろうか。角田氏は、竹野女王は養老年間頃から出仕し、天平十年までに典蔵・典侍・尚縫などのうち、いずれか一つの地位にあって、天平宝字二年七月頃までに亡くなったとする。[37]女王の直叙位階は、天平十一年正月の無位小長谷・坂合部・高橋・茨田・陽胡各女王らが従四位下であったように、竹野女王も直叙の従四位下から正四位下に昇っていて、武智麻呂政権下の後宮でも典侍クラスの重職にあったと思う。武智麻呂政権下の後宮構成は明確ではないが、正四位下の竹野女王をはじめ、従四位下の檜隈・太市・神社各女王、大神豊島、そして紀・円方・忍海・無漏・大野各女王、末期には広瀬・日置・粟田・河内・丹生・春日各女王らを中心に、正五位下播磨女王、従五位上新家女王らで構成されていたものと思われる。

天平九年二月に、武智麻呂・房前の娘が正三位、県犬養広刀自・橘古那可智が従三位に叙されたのに対応して、多伎女王（多芸女王）をはじめ一八人の宮人に昇叙があって武智麻呂政権下で後宮の陣容が整えられている。竹野女王は、すでに武智麻呂政権下で後宮の要職にあったと推考される。

おわりに
―その後の竹野女王―

天平勝宝元年四月一日、聖武は光明・阿倍皇太子と東大寺に行幸、未完成ではあったが大仏に礼拝した。そして三千代が歴代天皇に仕え、また不比等没後の藤原家門を守ったことを嘉して孫達の位階をあげるとしている。三千代の娘とされる多比能が諸兄との間に生んだ奈良麻呂や佐為の娘である橘古那可智などがそうであった。しかし、それとは別に男性には仕える状況によって昇叙があるが、女性にはそれがないとして仲麻呂の妻袁比良・藤原駿河子をはじめ一二人の宮人が昇叙されている。ここで注目されるのが、藤原吉日で従四位上から従三位に三階昇叙されている。竹野女王とともに後宮体制を支えるようになったと思われる。角田氏は、竹野女王、多伎女王（大納言巨勢奈弖麻呂の妻らしいとする）、諸兄の妻吉日の三人が後宮において重きをなしていたとする(38)。

けれども、四月一日には竹野女王の昇叙がなかったが、同四月十四日になると、聖武は再びの東大寺への行幸時に、諸兄に正一位を授け、藤原豊成を右大臣に昇任させて、女性では竹野女王に正三位を、無位の橘通何能を正四位上に叙している。通何能は佐為の二女で古那可智の妹と思われるが[39]、女王でも従四位下が通例であるのに無位からの正四位上への直叙は例外である。この竹野女王と通何能の昇叙・叙位は、四月一日の補充とも考えられるが、少しその意図が相違するような気がする。

竹野女王が正三位に昇叙した四月十四日には、改元が行なわれて天平二十一年が天平感宝元年（天平勝宝元）となっている。そして『続日本紀』天平勝宝元年閏五月癸丑（二十日）条には、聖武が仏法を長く効果あらしめ、国民を太平に快く楽しく暮らさせるためにと、大安寺をはじめ一二寺に絁・稲や墾田を施入する詔を発していることがみえる。その詔中で聖武は自らを譲位した「太上天皇沙弥勝満」と記して、三日後には薬師寺宮に遷って御在所として、政務を光明に委ねて仏道に専念する仏教修行の生活に入っている[40]。しかし、娘の阿倍が孝謙女帝として即位するのは七月二日のことである。この施入文書一通が現存しており、この文書を検討した角田氏は、聖武は閏五月十日以降、すくなくとも閏五月二十日までには諸兄の主導で孝謙に譲位していたと論じて、この孝謙の践祚から七月二日の即位までに時間差があるのは諸方面に了解を求めることが必要とされたからであるとしている[41]。この角田氏の主張はもっともなことであって、著者はかつてこのことを主導したのは諸兄ではなく、光明であるとの異を唱えたこと以外の角田説を首肯したことがある[42]。

つまり四月十四日の竹野女王の昇叙意図は、一日の昇叙と基本的には東大寺参詣に際して行なわれたということでは同じだが、今回は聖武一人の参詣であって、譲位をみすえて孝謙治政下での諸兄と豊成の左右大臣二人による政治体制を期待したものにかかることであると思う。竹野女王の従三位から正三位、阿倍の従姉妹である通何能のいきなりの正四位上への直叙も、孝謙新帝後の後宮体制[43]に備えたものであったといえそうである。

しかし、同元年七月に光明の皇后宮職を強化拡大して、仲麻呂を長官紫微令に任じた紫微中台の創設によって、政治は孝謙を埒外に措いて、光明＝仲麻呂体制の施政となり、左大臣諸兄・右大臣豊成を中心とする太政官体制は有名無実化した[44]。

そして、その直後の同元年九月に、従五位下から正五位下に昇ってきていた仲麻呂の妻袁比良が、さらに従四位下へと昇ってきている。野村忠夫氏は、おそらく十二司のなかに中枢的な位置を占めていたとみてよいとする[45]。そして、『続日本紀』には天平宝字四年正月に従三位から正三位に叙せられたことがみえている。つまり、天平勝宝元年九月から天平宝字四年正月までの一〇年間余の間に従四位下から従三位に四階昇っていたわけだが、これは仲麻呂の威勢によって一挙に昇って尚侍・尚蔵として後宮を束ねることになったがゆえのことであろう。尚侍・尚蔵といえども、封戸は女性であるから半減であったが、これは道理ではないという理由で全給の措置をとったのも、仲麻呂が妻袁比良を慮ったものである。

このような袁比良のことがいつからであるかを明らかにはできないが、竹野女王は天平勝宝三年正月に従二位、多伎女王も正三位に昇叙されていて、しばらくは竹野女王と多伎女王が後宮の中心にいたが、角田氏のいうように論拠のあることではないが、天平宝字二年七月頃までの竹野女王の没死[46]をうけてのことであったのではないかと思う。

孝謙が即位したものの、孝謙は政治に恣意をふるうことができずに、かえって光明＝仲麻呂体制による紫微中台をとおしての仲麻呂による政治が行なわれるようになり、それとともに後宮でも竹野女王から徐々に袁比良中心の構成へと変容していったのである。

註

（1）天平勝宝元年頃から同五年にかけての正倉院文書には、東大寺写経所・写書所の経師・校生、式部書生として無位の竹野広成がみえる。
（2）大山誠一「所謂『長屋王家木簡』の再検討」（『木簡研究』一一号、一九八九年）。
（3）木簡の年代は、和銅三〜霊亀二年前後で、そのピークは和銅六〜八年だが、渡辺晃宏氏は年紀のない大半は霊亀二年のものとする（「長屋王家木簡と二つの家政機関」『奈良古代史論集』二号、一九九一年）。寺崎保広氏も渡辺氏の理解を首肯している（『平城京長屋王邸跡—左京二条二坊・三条二坊発掘調査報告・本文編』一四三頁、吉川弘文館、一九九六年）。
（4）鬼頭清明「長屋王家木簡二題」（『白山史学』二六号、一九九〇年）。大山氏は、註（2）前掲論文で、「またその宮の位置に関しても、山形皇子宮の場合と同じく北宮の外縁の地に求めるべきであろう」とする。森公章氏は、邸内・邸外の可能性があるとの見解を示す（『長屋王家木簡の基礎的研究』一七四頁、吉川弘文館、二〇〇〇年）。
（5）近江俊秀『平城京の住宅事情』（吉川弘文館、二〇一五年）一七七頁。
（6）渡辺晃宏『平城京一三〇〇年「全検証」』（柏書房、二〇一〇年）一一二〜一一三頁。
（7）註（4）鬼頭前掲論文。
（8）東野治之「『長屋親王』考」（『長屋王家木簡の研究』塙書房、一九九六年）。
（9）註（2）大山前掲論文。
（10）西野悠紀子「『長屋王家木簡』と女性労働」（『日本古代国家の展開』下巻、思文閣出版、一九九五年）。森氏は、「長屋王家木簡三題」（『長屋王家木簡の基礎的研究』吉川弘文館、二〇〇〇年、初出一九九六年）で西野論文を肯定的に紹介する。
（11）註（2）大山前掲論文。
（12）大山誠一『長屋王家木簡と奈良朝政治史』（吉川弘文館、一九九三年）一一四〜一一五頁。
（13）註（10）森前掲論文。

（14）川崎庸之「長屋王時代」（『記紀万葉の世界』東京大学出版会、一九八二年、初出一九四八年）。
（15）木本好信「長屋王の年齢」（『大伴旅人・家持とその時代』桜楓社、一九九三年、初出一九八九年）。
（16）註（4）鬼頭前掲論文。
（17）奈良国立文化財研究所『平城宮発掘調査出土木簡概報』（二一）―長屋王家木簡一―』（奈良国立文化財研究所、一九八九年）七頁。
（18）註（17）奈良国立文化財研究所前掲書、五頁。
（19）註（12）大山前掲書、一二五～一二六頁。
（20）舘野和己「長屋王家木簡の舞台」（『日本古代の交通と社会』塙書房、一九九八年）。
（21）註（4）森前掲書、六六頁。
（22）角田文衛「竹野女王―藤原武智麻呂の室家の問題―」（角田文衛著作集第五巻『平安人物志』上巻、法蔵館、一九八四年、初出一九六五年）。
（23）『続日本紀』天平二十年六月壬寅条に、「正三位藤原夫人薨しぬ。贈太政大臣武智麻呂の女なり」、天平宝字四年正月辛卯条に、「従二位藤原夫人薨しぬ。贈正一位太政大臣房前の女なり」とある。
（24）角田文衛『日本の後宮』（学燈社、一九七三年）六八頁。
（25）須田春子『律令制女性史研究』（千代田書房、一九七八年）三三五～三三七頁。
（26）直木孝次郎「聖武天皇の後宮について」（『飛鳥奈良時代の考察』高科書店、一九九六年）。
（27）木本好信「県犬養橘三千代と県犬養広刀自」（『奈良時代貴族官人と女性の政治史』和泉書院、二〇二二年）。
（28）木本好信「正倉院文書『人々進納銭注文』と橘夫人」（『藤原仲麻呂政権の基礎的考察』高科書店、一九九三年、のち補訂「橘古那可智の入内と藤原氏」（『奈良平安時代史の諸問題』和泉書院、二〇二一年）。
（29）玉井力「天平期における女官の動向について」（『名古屋大学文学部二十周年記念論集』名古屋大学文学部、一九六八年）。
（30）吉川真司「奈良時代の宣」（『律令官僚制の研究』塙書房、一九九八年）。

(31) 伊集院葉子『古代の女性官僚』（吉川弘文館、二〇一四年）五六頁。
(32) 春名宏昭「内侍考」（『律令国家官制の研究』吉川弘文館、一九九七年）。
(33) 木本好信『藤原四子』（ミネルヴァ書房、二〇一三年）二四七～二五〇頁。
(34) 伊集院葉子『日本古代女官の研究』（吉川弘文館、二〇一六年）二五五頁。
(35) 角田文衛「不比等の娘たち」（角田文衛著作集第五巻『平安人物志』上巻、法蔵館、一九八四年、初出一九六四年）。
(36) 高島正人『奈良時代諸氏族の研究』（吉川弘文館、一九八三年）三七八頁。
(37) 註（22）角田前掲論文。その根拠は明らかでないが、竹野女王の後をうけて後宮を差配したのは藤原仲麻呂の妻室藤原袁比良であろうから、彼女の従三位昇叙時期が目安になろうかとも思うが、その時期が明確ではない。
(38) 註（24）角田前掲書、六八頁。
(39) 木本好信「橘佐為の娘たち」（『奈良時代貴族官人と女性の政治史』和泉書院、二〇二二年）。
(40) 中川收「聖武天皇の譲位」（『奈良朝政治史の研究』高科書店、一九九一年、初出一九八三年）。本郷真紹「聖武天皇の生前退位と孝謙天皇の即位」（『日本史研究』六五七号、二〇一七年）。
(41) 角田文衛「天平感宝元年聖武天皇勅書考証」（角田文衛著作集第三巻『律令国家の展開』法蔵館、一九八五年、初出一九三九年）。
(42) 木本好信「孝謙天皇即位の諸事情」（『藤原南家・北家官人の考察』岩田書院、二〇一九年、初出二〇一七年）。
(43) この時点での後宮は、竹野女王の正三位、従三位の藤原吉日、大野・広瀬・粟田女王と通何能の正四位上と、孝謙新帝治政下でも基本的には橘諸兄政権下の体制が存続したように思われる。
(44) 早川庄八「古代天皇制と太政官政治」（『講座日本歴史』古代二、東京大学出版会、一九八四年）。木本好信『藤原仲麻呂』（ミネルヴァ書房、二〇一一年）五八～六五頁など。
(45) 野村忠夫『後宮と女官』（教育社、一九七八年）一三七頁。
(46) 註（22）角田前掲論文。

第一〇章　藤原仲成と妹東子の入内

はじめに

藤原種継、長岡京造営の建議などで桓武天皇の寵臣としてしられる。その種継の没後に娘東子が桓武の後宮に入内していることについては、桓武の後宮に関しての諸論文[1]にもあまり論及されていない。ただ大和典子氏が、甘南備内親王を生み、弘仁七年（八一六）に従四位下で没し、兄姉である仲成・薬子事件の渦中にあった女性として興味深いが資料にみえないとしているくらいである。[2]著者も、先著『藤原種継』で東子の経歴を検証のうえで、種継の末娘とし、娘甘南備が『本朝皇胤紹運録』に「平城納㆑之」とあることから平城天皇の後宮に入ったとする記述を否定するなど簡潔に触れてはいる[3]が、まだ東子入内の背景など論及することも残されているのではないかと思う。

一　東子の出自と経歴

それでは、まず史料にみえる東子の経歴について再確認してみよう。系譜について『尊卑分脈』にはみえないが、

『日本紀略』弘仁八年二月辛亥（二十一日）条には、无品甘南備が一八歳で薨去したが、甘南備は桓武の第一二女で、母は種継の娘とある。ここでは甘南備の母の名は明確ではないが、『本朝皇胤紹運録』には「母藤原東子」とある。よって、東子は、延暦十九年（八〇〇）に甘南備を生んだことがしられる。このことからたぶん同十七年前後に、種継の没後一三年も後に、父と同い年の桓武のもとに入ったものと推察される。六〇歳を越えて晩年をむかえていた桓武の許に、いまさらどのような理由で入内したのか、東子が甘南備を生んだ延暦十九年の翌年の同二十年にも百済王貞香が駿河内親王を生んでいるから[4]、東子の甘南備出生もめずらしいことではないのかもしれない。しかし、「はじめに」でも記したように、東子の入内にはそれなりの理由があったことは確かなことであろう。

いずれにしても東子が甘南備を延暦十九年に生んでいるのであるから、当時の一般的な例からいって女性の初出子年齢が二〇歳前後だとすると、東子の生まれは宝亀十一年（七八〇）前後のことだと推測される。父種継は四四歳、いまだ先朝の光仁朝であり正五位下、左京大夫兼下総守という官職にあって、後の桓武朝での信任は想像できない。種継の子女は、『尊卑分脈』では山人・仲成・藤生・縵麿・世継と女子（薬子）が挙げられているが、すでに天平宝字八年（七六四）に粟田道麻呂の娘を母とする仲成、神護景雲二年（七六八）に雁高佐美麻呂の娘を母とする縵麻呂、宝亀十年生まれの世嗣（世継）、山口中宗の娘を母とする山人、藤原継縄の娘を母とする安継、湯守、そして神護景雲二年生まれの薬子の六男一女がいたので[5]、東子が末娘であったことは確かなことである。

そして、『日本後紀』弘仁七年四月癸亥（二十八日）条に、「散事従四位下藤原朝臣東子卒す」[6]とある。推考した宝亀十一年前後の生まれだとすると、享年三七前後となる。従四位下であったから後宮にあって十二司（長官カ）か何かの役職にあったと思うが、三七歳前後ではふつうはまだ「散事」となる年齢ではないから推測した生年よりはいくらか遡る可能性もある。男官でいう「散位」であったのか、病身となって役職を辞していたとも思われるが、一応上述の生年時ということにしておく。

二　東子入内の背景

東子入内の背景については、まず式家関係者による目論みがあったものと推量される。この頃の式家の人物というと、皇后乙牟漏は延暦九年に没していたから東子の兄仲成か姉薬子の二人だと思うが、薬子は東宮宣旨とはなっているが、安殿皇太子づきであって、安殿の臥内に出入りしていたことで桓武から駆逐させられている不仲な関係を考えると妹を入れることなどはできない。消去法で兄仲成画策の蓋然性が高い。

では、なぜ仲成が六〇歳を越えた桓武に二〇歳前の妹東子を入れるという、年齢差を考えると何とも理解できないようなことを企んだのか釈然としない。年齢的には二七歳頃の安殿に入れるというのなら納得できる。妹薬子の娘も安殿に入っている。つまり東子が安殿に入る可能性はあったはずである。しかし、仲成は四〇歳を越える年齢差を措いてまで妹東子を桓武に入れたのである。

そこには仲成の事情があったものと推考される。仲成は『尊卑分脈』には弘仁元年に四七歳で没したとあるので、前述したように天平宝字八年の生まれである。父種継の暗殺直後の安殿立太子の延暦四年十一月二十五日に正六位上から従五位下に叙されている。仲成はすでにこの頃から安殿の近くに侍っていた可能性がある。種継には同四年九月二十四日の没時に正一位が贈られている。一位嫡子の蔭階は従五位下だが、贈位だから一階降して仲成の蔭階は正六位上である。しかし、仲成はこの年が二二歳で蔭叙年齢二一歳の翌年になる。暗殺される以前の種継の官位は正三位であるから仲成の蔭階は従六位上である。叙爵直前の正六位上という位階は父の贈位によるものであったといえる。

しかし、桓武寵臣の遺子とはいえ、仲成が従五位上に一階昇ったのは延暦十六年正月のことで、叙爵から一一年後のことであった。これは随分と遅い昇叙であった。この前後の官人で従五位下から従五位上に昇るのに費やした年月をみると、南家巨勢麻呂（武智麻呂子）の息子真作が一年七か月、南家継縄（豊成子）の息子で仲成の三歳年長の乙叡が一年八か月、南家是公（乙麻呂子）の息子雄友が二年六か月、式家蔵下麻呂（宇合子）の息子で妹薬子の夫でもある四歳年長の縄主は七年九か月と長いが、それでも仲成の一一年二か月はさらに長い。

縄主は、延暦二年四月に叙爵して、同十年正月には従四位下に昇っていたらしく、仲成がやっと従五位上となった翌年の同十七年八月には参議に登用され、式部大輔と近衛少将を兼任している。また乙叡は、延暦三年五月に叙爵して、同五年正月には従五位上、同九年三月には正五位下、やはり仲成が従五位上になった同十六年正月には従四位上に昇って、すでに同十三年からは参議に任じて左京大夫を兼官していた。乙叡の母である百済王明信は桓武朝では尚侍を務めて後宮に実力を発揮して、桓武が皇太子時代からとくに寵愛してきている女性であったので比較対象にはならないかもしれないが、三～四歳しか年齢差がない縄主・乙叡に比べて仲成の昇進の具合は頗る遅い。

おわりに

仲成について、『日本後紀』弘仁元年九月丁未（十日）・戊申（十一日）両条には、虚事を捏造して桓武夫人の藤原吉子・伊予親王母子を侮辱して家から追放したり、妻の叔母に懸想したうえに叔母が逃げ込んだ桓武夫人多治比真宗・佐味親王母子宅に押し込むなど、生来から凶暴で酒の勢いのうえでの非道な行動があり、親族の序列にも従わずに諫める人をも無視したと記されている。これは「平城太上天皇の変（藤原薬子の変）」に係わる記述であるが、嵯峨天皇に対して平城太上天皇によるクーデターという太上天皇と天皇兄弟による政変を隠蔽するためにも、平城の側近であった仲成に「筆誅を加えていることの事実を没却して論ずることはできない(7)」と阿部猛氏もいうように、首謀者に仕立てて捏造した部分もあるとも思われるから全面的に信用することはできない。

藤原吉子・伊予親王事件なども、大同二年（八〇七）に在位中の「平城太上天皇が有力な皇位継承候補者であった伊予親王の排斥を企てたものであった(8)」うえに、加えて「仲成にとっても伊予親王の外戚であった南家をも排斥しようとした(9)」もので、平城の意図をうけた事件という政変であったから、ただ単純に仲成の個人的なスキャンダルに矮小化することは政治史を歪曲することになる。

しかし、仲成がやっと従五位上に昇叙する延暦十六年正月には、すでに真友・雄友兄弟と乙叡が参議に昇っていて、また翌年には義弟縄主（父種継従弟）も参議に登用されている。仲成は「親族の序列にも従わなかった」とある。かならずしも信用できないが、仲成が自分の現状に暗澹たる気持ちで焦燥感をいだいていたことは十分に想像できる。けれども仲成には頼るべき縁戚はない。仲成は、「己が妹の勢いを恃んだ(10)」とあるが、それは後のことで、その妹薬子はいまだ一宮人であったにすぎない。

そこで角田文衛氏が「側近に仕える官女にも手をつけることを躊躇しなかった女色にもなかなかな(11)」桓武の性癖(12)に属目して、自身の栄達を願って適齢期となった末妹東子の入内を思いついたのではなかろうか。ただ、東子の入内時期が仲成の従五位上昇叙前か直後かは分別できないが、仲成が官途に不安な気持ちをいだいていたこの頃であったことは間違いないと思う。

註

(1) 角田文衛『日本の後宮』(学燈社、一九七三年)。林陸朗「桓武天皇の後宮」(『国学院雑誌』七七巻三号、一九七六年)。大和典子「桓武天皇の後宮と所生皇子女についての考察」(『政治経済史学』二九九号、一九九一年)。岩下紀之「桓武の後宮」(『愛知淑徳大学国語国文』三六号、二〇一三年)。岩下紀之「延暦八年の桓武後宮」(『愛知淑徳大学論集』文学部・文学研究科篇、三八号、二〇一三年)など。
(2) 註(1)大和前掲論文。
(3) 木本好信『藤原種継』(ミネルヴァ書房、二〇一五年)二六〇頁。
(4) 『日本後紀』弘仁十一年六月庚寅条。
(5) 橋本義彦「薬子の変私考」(『奈良平安時代史論集』下巻、吉川弘文館、一九八四年)。黛弘道「藤原薬子」(『古代史を彩る女人像』講談社、一九八五年)。註(3)木本前掲書、二五九頁。
(6) 黒板伸夫・森田悌編『日本後紀』(集英社、二〇〇三年)七二三頁。
(7) 阿部猛「藤原南家」(『日本歴史』二四四号、一九六八年)。
(8) 神谷正昌「伊予親王事件と薬子の変」(『続日本紀研究』四二四号、二〇二一年)。
(9) 櫻木潤「伊予親王事件の背景」(『古代文化』五六巻三号、二〇〇四年)。
(10) 『日本後紀』弘仁元年九月丁未条。
(11) 註(1)角田前掲書、一〇九頁。
(12) 桓武天皇は、『本朝皇胤紹運録』などによると、延暦十七年には多治比真宗との間に大野親王(大徳親王とも)を、同十八年には藤原河子との間に紀内親王を生み、同十九年の東子が甘南備内親王を生んだ年にも坂上田村麻呂の娘春子との間に葛井親王を、翌二十年にも六五歳で百済王貞香との間に駿河内親王を生んでいる。

第一一章　桓武天皇と皇位継承

―姪五百井女王と甥五百枝王姉弟―

はじめに

桓武天皇には、百済系渡来人の高野新笠(1)という母を同じくする天平五年（七三三）生まれの能登内親王(2)という姉がいる。能登は、【註2】にあげた『続日本紀』の記事にみえるように、市原王と結婚して五百井女王と、天平宝字四年(3)（七六〇）に五百枝王を生んでいる。

このことから市原王と能登の結婚は、天平勝宝年間（七四九～七五六）末から天平宝字元年頃(4)で、まだ父光仁天皇は即位以前の白壁王と称していた時であったから能登女王とするのが正しい。市原王は養老七年（七二三）生まれと推察される(5)から三五歳頃、能登は二五歳頃であったと推考される。

市原王は、天武天皇の娘託基（多紀）皇女と天智天皇々子の志貴（施基）親王との間に生まれた春日王の孫で、同じ志貴と紀橡姫との間に生まれた光仁の長女能登は志貴を祖父、市原王は曽祖父にもつともに志貴の子孫である。さらに市原王の母は、紀小鹿という紀氏出自の女性で、橡姫と小鹿の関係は明確ではないが、小鹿の父鹿人と橡姫の父諸人は名前の「人」をともにして、生年も二人とも天武元年（六七二）～七年頃と推定されるから兄弟か、そうでなくても近い親族であった可能性が高い。このような血縁者であったことが二人の婚姻に繋がったものと思われるし[6]、能登の弟早良王が幼少の頃から東大寺に寄住していたので、東大寺と深い関係をもつ市原王と懇意であったと考えられることから仲立ちしたとも推察される[7]。

さて、この市原王と能登との間にできた五百井女王と五百枝王姉弟であるが、この二人の生涯は桓武の皇位継承への思惑によって大きく相反するものとなってしまう。本小論では、このことに焦点をあわせ姉弟を対比して概述することによって、桓武の息子安殿親王（平城天皇）への皇位継承の実態の一端を明らかにしてみたい。

一　五百枝王と藤原種継暗殺事件

五百枝王の父市原王は、光明皇后の皇后宮職の舎人から玄蕃頭や造東大寺司長官などを歴任しているが、天平宝字七年五月付「奉写御執経所請経文」[8]の「長官」としての記事を最後にみえなくなる。病死とも考えられるが四一歳という年齢と藤原仲麻呂政権下で比較的順調な官途にあったことを考慮すれば、翌同八年の仲麻呂の内乱[9]に巻き込まれたかと思われる。そうすると、五百枝王は、五歳で父と死別して将来が不安視されたが、宝亀元年（神護景雲四・七七〇）十月に祖父が即位したことによって展望が開かれることになった。

時がうつって天応元年（七八一）四月、光仁は山部皇太子に譲位して太上天皇、山部は即位して桓武天皇となった。そして、この年の八月、二一歳となった五百枝王は五百井女王とともに無位から従四位下に蔭叙されている[10]。「養老選叙令」の二一歳以上の蔭叙規定によるものであった。ただ諸王である市原王の息子であるから【註5】に記したように父と同じ従五位下が蔭階であるが[11]、親王の子と同様の従四位下の位階に蔭叙されている。これは二月の逆修となった能登没時に光仁が母を失った孫姉弟のことを慮って「子等をば二世の王に上げ賜ひ治め賜ふ」[12]と二世王とする特別の処遇を与えていたからであった。姉五百井女王はすでに二三歳以上であったろうから、ここは弟五百枝王を待ってあわせたのである。

天応元年十月に侍従、延暦元年（天応二・七八二）閏正月には侍従に加えて美作守を兼任、六月には本官侍従をそのままに越前守を兼任したが、その翌日には侍従・越前守に加えて右兵衛督にも補任されて、桓武の甥の皇親として確固たる地位を占めるようになっている。また同三年十一月には長岡京への移幸直後に姉弟ともども従四位上に昇叙している。

このような順調な官途にあった五百枝王であったが、同四年九月の藤原種継の暗殺事件に関わったとして伊予国に配流[13]になっている。この事件のことは現行本の『続日本紀』には詳しくはない。これは桓武が該事件の記事を削除したことによるが[14]、削除前の『続日本紀』を抄出した『日本紀略』によって、事件の概要がしられる。

少し長いが引用すると、延暦四年九月丙辰（二十四日）条には、

> 種継已に薨しぬ。乃ち有司に詔して其の賊を捜捕すと云々。仍りて竹良（大伴）并に近衛伯耆桴麿・中衛牡鹿木積麿を獲ふ。（中略）これを推勘するに、桴麿欵して云はく、「主税頭大伴真麿、大和大掾大伴夫子、春宮少進佐伯高成、及び竹良ら同じく謀りて、桴麿・木積麿を遣して種継を害さしむと云々。」といへり。継人・高成ら並に欵して云はく、「故中納言大伴家持相謀りて曰く『宜しく大伴佐伯両氏を唱じて、以て種継を除くべし』といふ。因りて皇太子に啓して、遂に其の事を行ふ」といへり。（中略）是に於いて、首悪左少弁大伴継人、高成、真麿、竹良、湊麿、春宮主書首多治比濱人を同じく誅斬し、（中略）右兵衛督五百枝王、（中略）同じくこの事に坐せられて、五百枝王は死を降して伊予国に流し、（中略）春宮亮紀白麿、家持が息右京亮永主は隠岐に流

す。東宮学士林忌寸稲麿は伊豆に流す。

とある。

すなわち大伴家持が、大伴継人・佐伯高成らに協力して種継を除くことを説き、継人をはじめ真麿・夫子・竹良・湊麿ら大伴一族と紀白麿・林稲麿・多治比濱人ら春宮坊官人らが種継の暗殺を伯耆桴麿・牡鹿木積麿に実行させたものである。この事件は家持が春宮大夫であったので、大伴氏と春宮坊の官人らが関係していることは納得できるのであるが、ここに春宮坊とも大伴一族でもない五百枝王が「坐せられて」死罪にもあたるとして配流処分になっている理由については、この史料からではただちにわからない。(15)

二　五百枝王と桓武天皇の皇位継承

五百枝王が流罪になった理由については、すでに詳述（以下、先論）したところであるので(16)、ここでは概略を紹介するのにとどめる。五百枝王の祖母小鹿と家持とは男女の関係にあったとの説もあるくらいで(17)、また市原王の歌八首の収められた『萬葉集』巻四・六・八・二十のすべては、家持が増補したか編纂した巻である。(18)その歌群もすべて紀鹿人・小鹿父娘、大伴旅人・大伴坂上郎女ら大伴氏一族、そして父安貴王、祖父春日王やその兄弟の湯原王など連なる人ばかりである。(19)家持とは直接的には天平十六年の活道の岡での交遊から親しく(20)、『萬葉集』編纂に協力するなど(21)、この関係は妻能登にも及んで、その葬送にあたっては家持が監護している。親王の葬送監護役は治部大輔が務めるものと「養老喪葬令」に規定されているが、一般的には懇意な間柄の人を充てるのが習慣であった。(22)

このように家持と、祖父安貴王―父市原王、曽祖父鹿人―祖母小鹿、母能登とは家族ぐるみの親しい関係にあったことが理解できる。この関係は当然のように家持と五百枝王との間にも繋がり、そのことが家持没後の『萬葉集』最終編者に五百枝王が比定される理由でもある。[23]

五百枝王が、種継暗殺事件のことで伊予国に流罪となったのには、事件勃発時に亡くなってはいたものの首謀者であった家持との親しい交遊があって、その陰謀に加担していたとされたこともあろう。

しかし、そのことが五百枝王配流の真の理由ではない。

桓武と皇后藤原乙牟漏が、嫡子安殿の成長にともない安殿への皇位継承を望んで、早良皇太子を疎むようになっていたこともあり、また桓武の寵臣で乙牟漏と従兄妹でもある種継が安殿の立太子、早良排除の言動をとっていたことに対して、早良側近の家持ら大伴一族と春宮坊官人らが、種継を早良の地位を脅かすものとして暗殺したのである。しかし、桓武はこの機会を好機ととらえて、早良が種継だけでなく自らをも打倒しようとしたとして死に追いやって、安殿への皇位継承をはかった。だが、それで安殿への皇位継承が確定したとはいえない。何といっても安殿はまだ一二歳であり、自らに不測の事態が起こった場合を考慮すれば、弟の薭田親王[24]はすでに没し、臣下に下っていた広根諸勝[25]は別にして、安殿のライバルとなるのは二世王の二六歳で右兵衛督を帯任する甥の五百枝王だけである。桓武は、安殿への皇位継承をより確固とするために家持との親密な関係に事寄せて五百枝王をも流罪として伊予国に追放したなどのことを論証した。

その証拠として、桓武は大同元年（延暦二十五・八〇六）三月、死の二日前に五百枝王のみを宮中に召し、翌日には本位に復している。これは叔父として二〇年にわたる理不尽な配流生活を強いたことへの贖罪の気持ちであったと推測できること、そして五百枝王は桓武没後、安殿が即位して平城天皇になる直前に上表して臣籍降下を願い、「春原朝臣」と名のって皇位に執着のないことを意思表示していること、それでも猜疑深い平城[26]からは疑念をもたれて武蔵・讃岐守など地方官に補任され[27]、やっと嵯峨朝になって中央に復帰して宮内卿・左右兵衛督・右衛門督を歴任して参議・中務卿に補任された[28]などの事実は、何よりも五百枝王が皇位継承者として有力な存在であったがゆえに、桓武・平城父子から嫌われていたことを明示しているなどとも説いた[29]。

しかし、その後になって西本昌弘氏は、①桓武が即位して早良が立太子した段階で、皇位は高野新笠の子孫によって継承されるという方向性が確認されていたと考えられるので、桓武の甥である五百枝王はそれほど有力な皇位継承者であるとは認められない。②安殿が警戒すべき対抗馬は兄弟の伊予・神野（嵯峨天皇）・大伴（淳和天皇）の各親王であったとして、著者の説に反論された[30]。

けれども、①については、五百枝王は新笠の長女で桓武の姉能登の嫡子であるから、まさに「新笠の子孫」であって西本氏の指摘はあたらない。もちろん早良廃太子後には安殿の立太子が順当であるとはいうものの、前述したように五百枝王は二六歳、右兵衛督であったのに対して、安殿はまだ一二歳で、そのうえ種継が殺害されて母系の藤原式家は壊滅状態にあったから背後勢力としての政治力はまったく期待できなかった。②に関してだが、西本氏のいわれるのは早良が亡くなり、五百枝王が配流になったのをうけて、安殿が立太子したことから、安殿の弟達にも皇位継承の可能性が生じたのであって、種継暗殺直後の安殿立太子が確定する以前には神野ら弟達よりも五百枝王にこそ皇位継承の可能性が存したものと考えられる。

これらのことを勘案すると、五百枝王の配流はやはり「桓武の姉能登の遺子であり、二世王でもあったことから有力な皇位継承者と見做されていて、安殿の地位を危うくするかもしれない存在として叔父桓武から排除された」ものと理解される。

三　五百井女王と桓武天皇

このような叔父桓武の皇位継承の思惑に巻き込まれて桓武朝では流人として不遇な生活を過ごした五百枝王の実姉が五百井女王である。彼女についての先行論文についてはは寡聞にしてしらないが[31]、弟に比べて桓武から優遇されている。実弟が桓武打倒の陰謀に加わっていたのであれば、謀反人の実姉として律に規定するように[32]何らかの科罪があってしかるべきである。そこで、五百井女王の生涯について概述してみよう。

五百井女王は、弟五百枝王の蔭叙年齢二一歳となった天応元年八月に無位から従四位下となり、延暦三年十月にやはり同時に従四位上に昇叙されている。先に記した。しかし、この直後に弟が種継暗殺事件に巻き込まれて二〇年という長い間にわたって配流生活をおくったのに比べて、桓武や平城の信頼をえて順調な宮人生活[33]をおくって後宮で活躍するようになる。また平城寵愛の藤原薬子との関係にも注目される。そこで宮人としての五百井女王にも注視しながらみていく。

まず、次に五百井女王が史料にみえるのは、延暦六年三月に越中国に領有していた須加荘五町を宇治小幡にある東大寺子院の宇治花厳院に進納し[34]、翌同七年三月になって知家事の高向諸上から須加庄長の川辺白麻呂に通告されている[35]ことの二通の文書である。この須加庄は、後者の文書に「開田」とあるように、父市原王の時に墾田として成立したようで、そこには当時の越中守であった大伴家持の尽力があったとの説がある[36]。たしかに新しく墾田を開墾することは開発者だけでは無理で、灌漑・用水のほか周辺の施設などの事業は国司の権限であったので国司の協力なしでは困難であった[37]から、前述のとおりに市原王と懇意であった家持が越中国守に在任していた天平十八年六月から天平勝宝三年八月までに成立した可能性が高く、五百井女王に伝領されていたものと思われる。五百井女王は、当時の常識として自身の家政機関をもち、その主人として経営手腕を発揮していたと考えられる。(38)

延暦十三年、平安新京への遷都にともなって菅野真道らが派遣されて宅地を班給したが、同十三年七月に五百井女王は宅地造営のために稲を支給されている。同時に支給されたのが、百済王明信・置始女王・和気広虫ら後宮の主要な宮人であることから推測すると、すでに五百井女王は宮人の一員であっただけでなく、重要な地位にあった(39)ものと思われる。(40)

その後、五百井女王は、延暦十五年七月には正四位下に昇叙したが、関心をもつのは同十九年正月に桓武が五百井女王の庄に行幸していることである。この『日本紀略』の記事からは、五百井女王の庄、つまり別荘への行幸記(41)(42)事のみで、他所への行幸途中に立ち寄ったものとは考えられないので、この日に桓武は姪のもとに何かしらの思いから出掛けたもので、ここに叔父と姪の親しい交流をしることができる。桓武が女性のもとに行幸するのは、延暦六年八月に百済王明信のもとに行っていること以来だとする見解もある。(43)

しかし明信の場合は、高椅津への行幸時の還りに夫継縄第に立ち寄ったもので同列に論じられない。ただ、明信(44)がかつて桓武の寵妃でもあったとする見解もあることを勘案すれば、行幸の途次ではない五百井女王の庄への行幸(45)は重視しなければならない。配流された五百枝王との処遇の相違が際立つ出来事である。

その桓武との親しい関係からであろう、『日本紀略』によると、五百井女王は大同元年三月十七日の桓武死去に先立つ二月二十三日に病気平癒のために薬師仏像と法華経の造写を行ない、僧二一人を屈請して斎食を施す法会を前殿に設けているが、これに百官も奉仕している。(46)前殿とは一般的には紫宸殿を指す言葉だが、後宮に対して政務を行なう表向きの諸殿との理解もある。五百井女王は前述のように後宮で、この時には尚縫に在任していたことから後者の理解ともとれる。しかし、斎会に百官も供奉していることから紫宸殿とするのが妥当だとすると、五百井女王個人の主催ともいいきれない公的な性格をもつものであった可能性もある。五百井女王と桓武とのふつうの叔父・姪以上の親しい関係を類推させる。

また、この記事から五百井女王は尚縫に在任していたことが判明する。尚縫は、後宮十二司の一つ、縫司の長官で、宮中使用や賞賜用の衣服・纂組を製作し、女性の朝参などを管理する。正四位相当職とされて、天皇に常侍し神璽・関契を預かるなどを職掌とする蔵司長官の尚蔵の正三位に次いで高い相当位の重要職である。[47]この時の後宮の責任者である内侍司長官の尚侍は百済王明信[48]だが、明信は弘仁六年（八一五）十月に「散事従二位」として没しているから、やがて五百井女王が代わって尚侍となったものと思われる。

その時期は明確ではないが、桓武没後とする理解もある。角田文衛氏[49]や、野村忠夫氏が大同二年十月に伊予親王が異母兄の平城天皇に謀反を企んだとして、翌月に伊予と母藤原吉子が服毒自死し、予てから平城と不仲であった明信の息子藤原乙叡も中納言を解任された事件が「明信の地歩にとって、やはり大きな打撃をあたえたのではなかろうか[50]」としたように、この事件が契機になったと考えられる。たぶん、この時に明信は尚侍を解任されたのであろう。

ただ、平城が即位したことで桓武朝時代の後宮に変革の波が及んでいたことも確かなことであって、その大きな要因に平城の寵愛する藤原薬子の存在があったことは間違いない。大同二年四月には「宮人の職（中略）先朝の夫人已下任官したる者を停むべし[51]」として桓武朝の宮人を後宮から排除している。また十二月に「務むる所是れ重く、位に准ずるになお卑し[52]」とあって、「養老禄令」宮人給禄（九）条に規定する尚侍の従五位、典侍の従六位、掌侍の従七位相当を、それぞれ従三位、従四位、従五位と大幅に引き上げるなどのことが行なわれている。

薬子は、大同三年四月にはすでに典侍に在任して後宮で勢威をふるっており、そのこともあってか同三年十一月には従四位下から正四位下に二階昇っている。この時宮人一二人の昇叙も行なわれ、五百井女王も正四位上から従三位に昇っている。延暦十五年七月に正四位下に叙されてから、この間に正四位上に昇っていたらしい。大同二年十月の明信の解任をうけて尚侍となったのにともなう従三位昇叙であって、三位に達して尚侍に任官したとみてよい[53]。

この叙位では、紀田村子ら七人が無位から叙位していることを思えば、薬子の思惑からの後宮内での異動が推測される。そして明けて大同四年正月、薬子は正四位下への昇叙から四〇日余でまたも二階上げられ従三位に叙されて、五百井女王と並んでいる。これは典侍から尚侍に昇任させるためのものであったのではないか。ここに後宮は実質的に五百井女王と薬子二人体制になったとも思われるが、二名定員が早くから一名となっていたこともあって判断はむずかしい。平城の寵愛をうけて、後宮では薬子の勢力が圧倒していたと思われるが、敵対するということはなかったのではないかと思う。

その後、五百井女王に関する史料としては、但馬国府跡とされる豊岡市日高町の祢布ヶ森遺跡から出土した木簡がある。二〇〇八年五・六月の第四一次調査で、「典尚従三位五百井女王」と記された木簡（一四五×四七×五・五㎜）が出土している。「典尚」は尚侍の誤記で、尚侍と典侍を混用したのであろう。五百井女王が従三位に叙せられた大同三年十一月から正三位となる弘仁四年正月まで四年余の間のものである。「典尚」が、単純な記述時の間違いではなく、典侍から尚侍への昇任後間もないことからだとすると大同年中のものと想像できる。

この木簡の用途については、従兄妹の良岑安世が弘仁元年九月に但馬介、同四年正月に但馬守を兼任していたことから二人の間に「何らかの関連を想定するのも荒唐無稽ではなかろう」とする見解もあるが[54]、まずそのようなことはなく、封戸に関するものとするのが正当だと判断[55]される。ただ馬場基氏は、木簡で封戸に関して都と地方で情報交換するという想定はむずかしく、文書木簡としても形状が不思議であり、かつ廃棄されるものとしては分厚い形状からして題籤軸の頭の可能性があるとしつつ、加工痕跡や地方の行政現場であることから文書の付札など多様な可能性が残るとするなど、いずれとも決しがたい。(56)

従三位の五百井女王の封戸は、「養老禄令」食封（三〇）条によれば女性は半減されるから五〇戸である。一戸は、正丁五～六人・中男一人、兵士となる者を除くと一戸で五人、調庸で二五〇人分、田租は一戸標準が四〇束で、(57)併せて二千束の収益となる。封戸の所在は、長屋王のように多ければ一か所ではなく、近江・越前・周防・讃岐四国を中心に畿内周辺国に散在している場合もあるが、(58)五〇戸ならばちょうど一郷分であるから但馬国内の一郷であった可能性がある。

この間、弘仁元年九月に「平城太上天皇の変」（藤原薬子の変）が起こって薬子は服毒自死したから、尚侍の死によって後宮にも変化があったと想像でき、五百井女王も同じ尚侍として事後の対応が求められたものと思われるが明確なことはわからない。ただ五百井女王には変化がなく、弘仁四年正月に正三位に昇叙された。永原恵子や小野石子も二階昇って従三位に叙せられているが、石子は同八年三月に典侍で没しているから、すでにこの時点で典侍の職にあって、即位当初の平城太上天皇＝薬子を嫌った嵯峨天皇にとっては重要な宮人であったと思われる。(59)この頃の後宮は、嵯峨の従姉の尚侍五百井女王、典侍石子を中心に運営されていたのであろう。

そして、五百井女王は弘仁六年七月には極位となる従二位に昇叙した。これは直前の橘嘉智子立后と無関係ではない。五百井女王と同時に従三位に叙せられた藤原緒夏は嘉智子立后にともない夫人となり、従四位下に昇った橘御井子は桓武の女御だった女性で、嘉智子と従姉妹であったから、(60)五百井女王の昇叙も嘉智子立后にともなう後宮の新体制によるものであった。そして嘉智子の姉で、嵯峨側近の藤原三守の妻でもある橘安万子も典侍の役職にあって皇后となった嘉智子の後宮を支えた。

その三か月後の同六年十月、五百井女王は、宝亀十一年に母能登が般若寺への仏供養料として品田一町の地子を奉入するのを忘失していたことから、家司より白米四斛を奉入する旨の施入状を発給させている(61)。また、五日後にはさらに墾田二町、白米一〇斛・塩一籠・雑海藻一折櫃、雑菜の値一百文を供養のために貢納している(62)。これにともない東大寺から大法師安禎ら一〇人の僧が般若寺に参向していることが古文書にみえる(63)。この宝亀十一年の能登の般若寺への供養料貢納は、翌年天応元年二月に亡くなっていることから推量して病気快復祈願の供養であったのかもしれない。

おわりに

弘仁八年十月、五百井女王は亡くなった。六〇歳前後だった。内親王の結婚が「養老継嗣令」王娶親王(四)条によって著しく制約されていたこともあり(64)、たぶん独身であったから弟五百枝王が最も身近であって、その葬送は五百枝王によるものであったと推察されるが、五百枝王はすでに賜姓して春原五百枝となっていた。平城即位直前の春原賜姓時に五百井女王も賜姓をともにすることもありえたと思うが、そうはしなかった。

何ら確証があるわけではないが、この姉弟の関係はそう緊密なものではなかったような気がする。前述のように五百井女王と桓武との親密な関係を思えば、桓武没時の復位までの二〇余年間に弟の赦免を願ってもよかった。すでに安殿の皇太子の地位は定まり安定していたから、五百枝王が安殿の地位を脅かすことなどありえなかった。この姉の態度が弟五百枝王との間を遠くしていたのではないか。

五百枝王は、賜姓して皇位に関心のないことを明示したが、即位した猜疑心の強い平城は決してこの従兄への疑惑を解かず、地方国守を遷任させて平安京に呼び戻さなかった。次代の嵯峨も弘仁三年正月に従三位へと昇叙させ、右兵衛督に、そして非参議にも任じているが、参議となるのは同十年三月、六〇歳時のことで七年間も据え置かれていた。同四年時の参議は七人だが、従三位は文室綿麿のみで六人は四位である。その後も同七年に従四位下良岑安世・藤原三守、八年に従四位下多治比今麿に超任されているからかならずしも優遇されていたとは思えない。

五百井女王の桓武、平城・嵯峨父子時代の優遇に比べて、同じ従兄弟として五百枝王の不遇さが対照的である。この姉弟の処遇相違の要因は、甥・従兄ゆえに自身の皇位を危うくする存在として疎んじられたことに由縁があったといえる。

註

（1）『続日本紀』延暦八年十二月壬子条には、「皇太后、姓は和氏、諱は新笠、（中略）天宗高紹天皇龍潜の日、聘きて納れたまふ。今上（桓武）・早良親王・能登内親王を生めり」とある。

（2）『続日本紀』天応元年二月丙午条には、「三品能登内親王薨しぬ。右大弁大伴宿禰家持（中略）らを遣して、喪の事を監護らしむ。（中略）一品贈り賜ふ。子等をば二世の王に上げ賜ひ治め賜ふ。（中略）内親王は天皇の女なり。正五位下市原王に適ひて、五百井女王・五百枝王を生めり。薨しぬる時、年卌九」とある。天平五年生まれで、桓武天皇の四歳年長の同母姉であったことがわかる。

（3）『日本紀略』天長六年十二月乙丑条には、「参議正三位春原朝臣五百枝薨しぬ。年七十」とある。大同元年五月に上表して春原朝臣を賜姓していた五百枝王の享年が七〇であったから天平宝字四年生まれであることがわかる。

（4）木本好信「市原王と能登内親王の婚姻―志貴皇子と紀朝臣氏の血脈―」（『奈良平安時代史の諸問題』和泉書院、二〇二一年）。

（5）市原王は、『続日本紀』天平十五年五月癸卯条に諸王の蔭階である従五位下に蔭叙されたことがみえる。「養老選叙令」蔭皇親条には蔭叙は二一歳以上と規定されているから逆算すると養老七年生まれとなる。
（6）註（4）木本前掲論文。
（7）西本昌弘『早良親王』（吉川弘文館、二〇一九年）三〇頁。
（8）東京大学史料編纂所『大日本古文書』編年之五（東京大学出版会、一九七七年覆刻）四四一頁。
（9）著者は以前から藤原仲麻呂と孝謙太上天皇との闘争は、孝謙が淳仁天皇から御璽を略奪しようとした先制行動を起因として始まったことなどの理由から仲麻呂の反乱ではないと主張してきた。そして、律令による官僚制国家を志向する専権貴族の仲麻呂と草壁直系皇統を標榜して王権による天皇権力を固守しようとした孝謙の権力闘争であると理解することから「内乱」と規定している（木本好信『藤原仲麻呂』ミネルヴァ書房、二〇一一年、木本好信「藤原仲麻呂小論」『藤原仲麻呂とその時代』岩田書院、二〇一三年、木本好信『奈良時代』一四七～一四八頁、中央公論新社、二〇二二年など）。
（10）『続日本紀』天応元年八月癸丑条。
（11）五百枝王は母が内親王であるから二世王になるが、蔭位は女性の地位・位階に拠ることはない。
（12）『続日本紀』天応元年二月丙午条。
（13）「名例律」流罪条などには、罪状の程度によって近・中・遠流がみえているが、その配流地の規定はなかった。そこで神亀元年三月に流罪地の遠近を決めて、伊予国は諏方国とともに中流とされた（『続日本紀』神亀元年三月庚申条）。
（14）後に種継の子である仲成・薬子兄妹が平城天皇に迫って復原させたものの、仲成・薬子が平城太上天皇の変（藤原薬子の変）で没した後に嵯峨天皇が再び削除した（『日本後紀』弘仁元年九月丁未条）。
（15）林陸朗『長岡京の謎』（新人物往来社、一九七二年）、佐藤宗諄「藤原種継暗殺事件以後」（『滋賀大学教育学部紀要』一九号、一九七〇年）などは五百枝王の流罪理由を不明としている。
（16）木本好信「藤原種継暗殺と早良廃太子の政治的背景」（『藤原式家官人の考察』高科書店、一九九八年、初出一九九九

七年、さらに『新装復刊 藤原式家官人の考察』岩田書院、二〇一九年）。木本好信『藤原種継』（ミネルヴァ書房、二〇一五年）。

（17）『萬葉集』巻四・七六二～七六四番歌に男女の関係を想像させる歌がみえる。新編日本古典文学全集本（小学館、一九九四年）は、小鹿は若い家持と恋愛関係に陥ったとするが、『萬葉集全註釋』（角川書店、一九五七年）の熱中した恋とは思われず、余裕のある遊びであろうとする見解もある。いまは、岸哲男氏（「志貴皇子系諸王の歌」『二松学舎大学東洋学研究所集刊』六集、一九七六年）も、多田一臣氏（『万葉集全解』（筑摩書房、二〇〇九年）も後者の理解をとる。家持と小鹿の父鹿人、夫安貴王、息子市原王との親しい交遊関係を併考すれば、この二人の間に交わされた歌は戯咲歌とみるのが妥当だと思われる（木本好信「志貴皇子系諸王と『萬葉集』の成立」『奈良平安時代史の諸問題』和泉書院、二〇二一年、初出二〇二〇年）。

（18）針原孝之「天平歌人・市原王」（『二松学舎大学論集』四九号、二〇〇六年）。

（19）註（17）木本前掲論文。

（20）『萬葉集』巻六・一〇四二番歌。

（21）安田喜代門『万葉集の正しい姿』（私家版、一九七〇年）。大浜厳比古『万葉幻視考』（集英社、一九七八年）。大森亮尚「志貴家の人々」（『山手国文論攷』六号、一九八四年）。

（22）牧飛鳥「令制における弔使について」（『学習院史学』四一号、二〇〇三年）。

（23）註（21）大森前掲論文。註（17）木本前掲論文。

（24）薭田親王は、『続日本紀』天応元年十二月辛丑条に亡くなったことがみえ、光仁天皇の第三子で享年三一とあるから天平勝宝三年生まれ、母は光仁天皇の異母兄湯原王の娘である尾張女王（木本好信「桓武天皇の皇権確立―薭田親王の死をめぐる臆説―」『奈良平安時代史の諸問題』和泉書院、二〇二一年）。

（25）広根諸勝は、『本朝皇胤紹運録』によると、光仁天皇の即位時以前に女孺県犬養男耳、『新撰姓氏録』では県犬養勇耳との間に生まれたとある。

（26）『日本後紀』天長元年七月己未条に、「生まれつき他人を妬み排することが多い」とみえる。

(27)『公卿補任』弘仁三年条、春原五百枝尻付。
(28)『公卿補任』弘仁四年～十年・天長三年条。
(29)註(16)木本前掲論文。
(30)註(7)西本前掲書、一二八～一二九頁。
(31)角田文衛『日本の後宮』(学燈社、一九七三年)の「宮人一覧表」には掲載されているが、本文ではとくに「五百井女王」に触れる記述はない。、最近の三好順子「桓武朝の尚侍百済王明信とその周辺」(『続日本紀研究』四三〇号、二〇二二年)にもみえない。
(32)「養老賊盗律」謀反条には、「凡そ謀反及び大逆せらば、皆斬。(中略)祖孫・兄弟は、皆遠流に配せよ」とある。ただ、唐律に相違して女性には及ばなかったかもしれない。
(33)大宝・養老令制では「宮人」と称され、「女官」という用語はなかった(野村忠夫・原美奈子「律令官人制についての覚書」『続日本紀研究』一九二号、一九七七年)。
(34)竹内理三編『平安遺文』古文書編第一巻(東京堂出版、一九七三年)一頁、二号文書「五百井女王家寄進状」。
(35)註(34)竹内編前掲書、一～二頁、三号文書「五百井女王家符案」。
(36)米沢康「五百井女王家の越中墾田」(『富山史壇』三七号、一九六七年)。
(37)中村順昭「大伴家持と越前・越中の在地社会」(『万葉古代学研究所年報』五号、二〇〇七年)。
(38)伊集院葉子『古代の女性官僚』(吉川弘文館、二〇一四年)一七八頁。
(39)『日本後紀』延暦十三年七月己卯条。
(40)註(31)角田前掲書・三好前掲論文は、いつから宮人になったかは明記していないが、すでに後宮にあったと思う。他に桓武の後宮については、林陸朗「桓武天皇の後宮」(『国学院雑誌』七七巻三号、一九七六年)、岩下紀之「桓武天皇の後宮」(『愛知淑徳大学国語国文』三六号、二〇一三年)、岩下紀之「延暦八年の桓武後宮」(『愛知淑徳大学論集』文学部・文学研究科篇、三八号、二〇一三年)などがあるが、いずれも五百井女王には触れていない。
(41)『日本紀略』延暦十九年正月己酉条。省略記事であるので、他事が不掲載であった可能性もある。

(42) 森田悌『日本後紀』上（講談社、二〇〇六年）二三八頁。
(43) 註（38）伊集院前掲書、一七九頁。
(44) 『続日本紀』延暦六年八月甲辰条。これ以外にも、延暦六年十月、同十年十月の交野行幸時に継縄の別業を行宮としている。この行幸について、西本昌弘氏は母方の出自に弱点をもつ桓武は、母高野新笠の系譜を百済王に結びつける工作のために百済王氏と交流したとし、明信もこれに協力したとする（「長岡京前期の政治動向」『平安前期の政変と皇位継承』吉川弘文館、二〇二二年、初出二〇二一年）。三好氏は註（31）前掲論文で、桓武は出自の弱点を補うため百済王直系の百済王氏に接近して、「高野新笠崩伝」に新笠が百済武寧王の子孫と記すことをなしえたとする。
(45) 瀧浪貞子「王族渡来人の軌跡―百済王氏と桓武天皇―」（『古代大和の謎』学生社、二〇一〇年）。
(46) 『日本紀略』大同元年二月丁巳条。
(47) 青木和夫他、日本思想大系『律令』（岩波書店、一九七六年）一九八・二〇一頁。
(48) 明信は、『日本後紀』延暦十六年正月辛亥条に「尚侍」とみえ、同十八年二月には従三位から正三位に叙せられている。弘仁六年十月壬子条には、「散事従二位百済王明信薨ず」とみえて、すでに尚侍を辞していたことがわかる。玉井力「光仁朝における女官の動向について」（『名古屋大学文学部研究論集L史学』一七号、一九七〇年）参考。
(49) 註（31）角田前掲書、一一一頁。
(50) 野村忠夫『後宮と女官』（教育社、一九七八年）一二四頁。
(51) 『日本後紀』大同二年四月癸未条。
(52) 『日本後紀』大同二年十二月辛未条。
(53) 註（44）西本前掲論文。
(54) 前岡孝彰・宮村良雄・中村由美「兵庫・祢布ヶ森遺跡」（『木簡研究』三一号、二〇〇九年）。
(55) 豊岡市教育委員会『祢布ヶ森遺跡第四〇・四一次発掘調査報告書』（豊岡市教育委員会、二〇一一年）六四頁。
(56) 馬場基氏からの木本宛の二〇二一年五月二十六日付メール。
(57) 『続日本紀』天平十九年五月戊寅条。

（58）奈良国立文化財研究所『平城京長屋王邸跡』本文編（吉川弘文館、一九九六年）三九六頁。
（59）黒板伸夫・森田悌『日本後紀』（集英社、二〇〇三年）五〇一頁。
（60）『本朝皇胤紹運録』には、桓武の娘賀楽内親王の注に「母橘御井子、入居女」とある。『尊卑分脈』橘氏には嘉智子の父清友と入居は兄弟とある。
（61）「五百井女王家施入状」には、家司として家令大原継吉、従祝部茂麿、大書吏薗人（名欠）、少書吏杖部路道麿などがみえている。この時には五百井女王は従二位であったので、「家令職員令」職事二位条の規定どおりであった。
（62）註（34）竹内編前掲書、二六頁、三八・三九号文書「五百井女王家施入状」。
（63）註（34）竹内編前掲書、二七頁、四〇・四一号文書「東大寺請納文」。
（64）「養老継嗣令」王娶親王条には、「凡そ王、親王を娶き、臣、五世の王を娶くこと聴せ。唯し五世の王は、親王を娶くこと得じ」とある。

追記

なお、『日本後紀』については、注記しない限りは黒板伸夫・森田悌編「訳注日本史料」本（集英社、二〇〇三年）を使用した。また成稿にあたっては、奈良文化財研究所の馬場基氏と豊岡市立歴史博物館の仲田周平氏のご高配を忝くした。お礼を申し上げます。

第一二章　藤原式家衰亡の一要因

―藤原宅美の存在―

はじめに

藤原式家宇合の長子広嗣の敗死後、式家の弟達は雌伏の時代を過ごしたが、藤原仲麻呂（恵美押勝）の内乱で活躍して復権を成し遂げ、やがて光仁天皇を擁立し、そして山部親王（桓武天皇）を立太子させたことによって、「藤原式家主導体制」(1)を構築して政権を主導した。このことには田麻呂・百川・蔵下麻呂の三弟を率いた兄の内大臣で、「政を専とし、志を得て、升降自由なり」(2)といわれて、一人で政治を動かし、官人の昇格・降格も思うままにしたという良継の領導が大きかったものと思われる。

しかし、その「藤原式家主導体制」も宝亀六年（七七五）七月に末弟蔵下麻呂が、つづいて同八年九月には主柱であった良継が、同十年七月には百川が没して、田麻呂が残ったとはいえ、その政治体制の実態は瓦解したといってもよかろう。この「藤原式家主導体制」が宝亀年間のみで、その後にも続かなかったことには複数の要因が推測される。

まず南・北家では、次代を背負う者が有力な官人として育っていたのに対して、式家ではその期待に応える存在がいなかったことがある。南家豊成の息子縄麻呂や北家永手の息子家依・雄依兄弟などは二二～二三歳という若さで従五位下、つまり叙爵したのに対して、後に式家を継いだ種継が式家嫡流の出自ではなかったこともあって叙爵したのは三〇歳時のことで、ここに大きな落差を認めることができる。

なぜ、このような事態になったのか、南・北家と対比する時、式家嫡流良継の嫡子であった宅美の存在は、その後の藤原氏の歴史動向を考慮する場合には看過できないように思われる。そこで、史料が頗る乏しく不安が残るものの思うところを少しく論じてみる。

一　宅美の出自と出生

『尊卑分脈』宇合卿孫は、良継の子女として、従四位下の「詫美」と、㈠藤原園人の母である女子、㈡桓武天皇々后で平城・嵯峨両天皇の母である牟漏子（乙牟漏）、㈢藤原藤嗣の母である女子、㈣参議家兼の室で三赴（三起）の母である女子、㈤永手の室で雄依の母である女子の、一男五女をあげている。

この良継の子女について検証・検討されたのが高島正人氏である。(3) まず高島氏は、詫美（以下、宅美）について『続日本紀』の「宅美」、『公卿補任』宝亀八年条にみえる「託美」と同一人物であるとする。何か所かの『続日本紀』の記事には良継の息子とはみえないが、『公卿補任』には「大臣の男、独り託美朝臣有り」とあることや、「宅」「詫」「託」が同音であり、三例とも「〇美」は同字であるから同一人物で、良継のただ一人の嫡子として間違いなかろう。ただ、『公卿補任』は「独り託美朝臣有り」とはするものの、続けて「但し能原宿禰長枝、其の母蓼原氏、大臣に近侍して此の男を生む。生まれて十歳にして大臣薨ず。遺命無きにより敢へて帳に付せず。大同年中に彼の無姓を愍みて、能原宿禰を賜ふ。弘仁年中に従七位上」と記している。良継は身近に仕えていた蓼原氏を出自とする女性との間に、後に能原長枝と名乗る男子を神護景雲二年（七六八）にもうけたが、正式に認知しなかったようである。後の大同・弘仁年中（八〇六〜八二三）の賜姓と叙位は、平城・嵯峨天皇の叔父への配慮であろう。

さて、宅美だが母については『尊卑分脈』には記されていない。良継の室には、後宮で「尚蔵兼尚侍」として存在感があり[4]、乙牟漏を生んだ阿倍古美奈[5]、また『萬葉集』巻二〇・四四九一番歌の左注に「右の一首、藤原宿奈（良継）麻呂朝臣の妻石川女郎、愛を薄くし離別せられ、悲しび恨みて作る歌なり。年月未詳なり」とある石川女郎も良継の妻であったことがわかる。高島氏は「孝謙朝末の天平宝字元年ごろ離別した妻石川女郎があった[6]」と簡単に触れる。

著者はかつてこの石川女郎について論及して、石川年足の妹とする説を排して娘であり[7]、その関係は天平十二年（七四〇）頃、良継が二五歳前後、石川女郎が二二歳前後から始まり、この歌が天平宝字元年（天平勝宝九・七五七）十二月十八日に三形王宅での宴席で大伴家持によって伝誦されたらしいことや、これよりかなり以前に二人の関係は破綻していたこと、また宅美についても、天平十七年前後の出生と推測して、この頃には良継と石川女郎とはまだ離別していない時期であるので、石川女郎が宅美の母である可能性があると概述したことがある[8]（以下、先論）。

しかし、宅美の出生のことは概述であったからあらためて検討してみる。史料に初出するのは『続日本紀』宝亀二年十一月丁未（二十五日）条に叙爵、正六位上から従五位下に昇叙されていて、この事実だけが生年を推考する方法になる。このことを踏まえて高島氏は「もし、三十歳ぐらいで授爵したと仮定すれば天平十三、四年ごろの出生となり[9]」としている。問題はこの叙爵が三〇歳時であったかどうかで、この時の政治状況や宅美の政治的な環境、もちろん他者との比較も考量しなければならない。

この時の叙位は、光仁の大嘗祭にともなうものであったが、父良継はその光仁の擁立に係わる称徳女帝没後の皇嗣をめぐる右大臣吉備真備らとの権力闘争では、左大臣藤原永手とともに光仁の立太子を主導している。この後、良継は永手が没し、真備が致仕したあとをうけ、内臣に任じられて中川收氏がいうように藤原氏の宗家となり[10]、右大臣大中臣清麻呂を措いて政治の実権を掌握していたことから、良継の嫡子である宅美のこの叙爵に父の意向があったことは当然に考慮しなければならない。

たしかに高島氏が指摘するように叙爵年齢が三〇歳前後という例が多い。藤原氏第三世代でも、南家豊成の第一子継縄は三七歳だが、第四子縄麻呂は二一歳、縄麻呂の叙爵は藤原不比等・県犬養橘三千代の功績の余光ともされる孫世代への特例叙位であったし、継縄の母が路虫麻呂の娘なのに対して縄麻呂の母は房前の娘[11]という母の出自の影響も念頭におかなければならない。

宅美と同世代である北家永手の第一子で天平十五年生まれ[12]の家依は、天平神護元年（天平宝字九・七六五）に二三歳で正六位上から叙爵している。先論では良継三〇歳時の天平十七年前後の出生と仮定したから、宝亀二年の叙爵は二七歳時ということになる。家依に比べると遅いような気もするが、家依の叙爵は、称徳の大嘗祭時の由機国である美濃国の次官介としての功績による臨時的なものであったから比較対象にはならないかもしれない。何とも曖昧なことであるが、先論で記した二七歳前後、天平十七年頃の出生ということで記述していく。

そうすると宅美が出身したのは、「養老選叙令」授位（三四）条に蔭位による出身が二一歳以上と規定されているから天平神護元年頃以降になる。父良継は天平宝字八年十月には仲麻呂の内乱で活躍して①正四位下、天平神護二年十一月には②従三位に昇叙している。①のケースだと、「養老選叙令」五位以上子（三八）条によると、蔭階は正七位下、この場合は祖父宇合の正三位の蔭孫で正七位上か、②だと、従六位上となる。①だと七年間に四階、②だと実質的に六年間に二階昇っていたことになる。しかし、宝亀二年十一月にはすでに正六位上に昇って一〜二年ほどたっていたとすると、四～五年で四階か二階の昇叙となる。毎年の昇叙はないから、②のケースの可能性が高い。そうすると、良継の威勢などを考えると、生年は天平十七年よりも少し降って天平十八～十九年頃になるのかもしれない。

二　官人としての宅美

つづいて宅美のことがみえるのは、『続日本紀』宝亀五年三月甲辰（五日）条の「右兵衛督従五位下藤原朝臣宅美を兼丹波守」との記事である。この時にはすでに右兵衛督を本官とし、さらに丹波守を兼官したのである。右兵衛督補任の記事がみえないから、その任官はいつか明瞭ではない。右兵衛督の前任者は、宝亀二年三月に大宰帥に任じられた叔父藤原百川が、この時に右大弁・内豎大輔・越前守とともに右兵衛督をも兼任していたことが『続日本紀』に記されているから百川であったらしい。その百川が同二年十一月に参議に任じられるが、『公卿補任』同二年条には「右大弁内匠頭内豎大輔越前守元の如し。三月十三日大宰帥」とあって右兵衛督のことがみえない。確たることではないかもしれないが、百川が参議となったことによって右兵衛督から離れて、宅美がこれに襲任していたのかもしれない。

この宅美の丹波守兼任人事について、高島氏は本官を別に持ちながら国守や介に補任されたのは殆ど正五位上以上の帯位者で占められ、宅美のように従五位下で右兵衛督に丹波守を兼任するのは二八か国守中の「高任者にならぶ破格の補任といえるであろう」、「良継の嫡子にふさわしい昇叙で宅美が常人でなかったことを示そう」と評している。赤羽洋輔氏は、宝亀二年閏三月の補任では、良継を除いて式家の五位以上の者すべてと良継の娘婿らが地方官を兼任しており、これは「国司は利厚くして自ら衣食の饒有り」[13]とあるように、式家発展のための経済的強化策であったとしている[14]。宅美の丹波守、のちの越前守兼任もこの式家の方針の一環であったといえる。

たしかに「藤原式家主導体制」の中枢にいて、七年間も右兵衛督を帯任して政治力を奮っていた百川の後任として、また百川前任の藤原楓麻呂は従四位下、百川も任官した時には正五位下であったので、宅美が右兵衛督に従五位下で補任されたことは良継の特別の配慮であることがわかる。良継ら式家は、宝亀三年三月には井上皇后が巫蠱を行なったとして廃后に、同三年五月には謀反大逆の井上の息子を皇太子にしてはおけないとの理由で他戸を廃太子にし、同四年正月にはのちに皇后として平城・嵯峨両天皇を生む娘乙牟漏を妻せることになる山部親王の立太子を成し遂げている。そして、太政官に良継が内臣、参議に蔵下麻呂・田麻呂・百川を加えて、まさに政権を主導した「藤原式家主導体制」下にあった時にあたり、宅美は式家の次代を担うべき者として期待されていたことがわかる。

宝亀五年には右兵衛督に在任して「藤原式家主導体制」の軍事面での職責を果たしていた宅美であったが、当時の式家は第二世代の良継が従二位、田麻呂・蔵下麻呂が従三位、百川が正四位上で政界の中心にあった。しかし、宅美は良継が三〇歳すぎてからの子であって、南・北家に比べて必然的に世代交替への準備が遅れることになった。また、中川氏がすでに「最大の弱点は三代目が極端に少なかったことにある」[15]と指摘したように、第三世代では三〇歳前後の宅美が従五位下、無位無官で一生を終えた第三子清成[16]の長子である種継が三八歳で従五位上、その弟で年齢不詳の菅継[17]が従五位下であって人材を欠いていた。良継の宅美への期待が過大なものにならざるをえなかった。

三　宅美の死

宅美は、宝亀七年正月に従五位上に昇叙して位階は種継とならんだ。だが、種継は四〇歳で、宅美は前述したように三〇～三二歳であったと推考されるので、やはり良継の嫡子である宅美と種継とは同等視できない。ただ宅美だけが式家の次代を担うということではなく、種継が宝亀二年の従五位下昇叙から三年たたない同五年正月に従五位上に、また菅継が同四年正月に従六位下から従五位下に一挙四階も昇叙しているのは、良継が式家の次代を宅美中心にして、種継・菅継らにも託する意図があったものと思われる。このような式家の次代対策がみえてきたのは、前年の同六年七月に「藤原式家主導体制」の一角であった末弟の蔵下麻呂が没したことも影響していたのであろう。

そして宝亀七年三月、宅美は越前守に任じられている。『続日本紀』には兼任を示す字句はみえないが、帯任していた右兵衛督の後任人事がみえないし、再度任じられて後任となったと思われる百川の補任が少し後のことであると推察されることから、実態としては右兵衛督に加えて、丹波守から遷って越前守を兼任したのではなかろうか。越前国は三関国の一つであり、またも宝亀元年八月から在任していた百川を襲ったものであった。高島氏は宅美が要国越前国の国守に任じられたことは、良継のただ一人の男子と伝えられていることが正しいことの根拠になるという。[18]

しかし、この越前守補任を最後に宅美の記事がみえなくなる。高島氏はこれについては、死没によるものとして「宝亀年中とも疑えるが」とする。つまり宝亀七年三月から同十一年十二月までだとしている。けれども同七年三月をそう降ることではないと思う。

その論拠となるのは、『続日本紀』宝亀七年九月甲子（十日）条に、単独の補任記事として宮内卿大伴伯麻呂が兼任で越前守に任じられているのがみえていることである。宅美が三月に任じられて、間もない九月に伯麻呂を充てているのは宅美が没した後任人事にほかならない。このことから推測すると宅美は同七年八月中に没したものと思われる。同八年十月には百川が式部卿に任じられたが、この時にはすでに右兵衛督に在任していた。これも右兵衛督を本官としていた宅美の死没したのに際して再び補任されていたものであろう。

宅美の急死は良継にとって青天の霹靂のことであったろう。自家はもちろんのこと式家の将来を託そうとしていたのであるから、その落胆は大きかったに違いない。良継が翌同八年正月に大納言相当職であった内臣から自ら内大臣[19]となったことにも嫡子の死をうけての政治権力掌握への焦燥感があったのかもしれない。良継はこの年の九月に没するのだが、六〇歳をこえていたから後継者のことも考えて、北家の魚名を正三位から自分と同じ従二位に昇らせている。

そして、この時に種継が正五位下に昇叙したことが注目される。良継にとって式家の次代を種継に託さざるをえなかった結果の処遇である。しかし、南家では縄麻呂が従三位中納言、継縄が従三位参議、是公が正四位上、乙縄が従四位下、北家では家依が正四位上参議、雄依と小黒麻呂の二人が従四位下であった。四一歳の種継より、三五歳の家依、弟の雄依が若く、種継の正五位下は見劣りがする。

この後、桓武が即位すると式家の功績への特別の恩恵があり、乙牟漏を皇后にむかえ、長子安殿親王への後継を宿願としていたこともあって式家に配慮し、種継は天応元年（七八一）正月には従四位下、同元年四月には従四位上、翌年の延暦元年（七八二）六月には正四位下、同二年四月には従三位、同三年十二月には正三位と四年間に六階も昇叙するという恩遇があった。良継も思いもよらぬ式家の復活があったが、これも一時のことで、種継は同四年九月に暗殺されて式家は衰亡していった。種継没後は百川の一男緒嗣が桓武の寵愛をうけて延暦二十一年に二九歳で参議となったが、周知のように種継の一男仲成は参議に昇ったものの間もない弘仁元年（大同五・八一〇）九月の平城太上天皇の変（藤原薬子の変）によって射殺され式家の凋落は確かなものとなった。

おわりに

『尊卑分脈』宇合卿孫は、宅美に注して「従四下、長岡宮に於いて賊のために害され畢んぬ」と記している。これについて高島氏は「この註記は本来従兄弟の種継に付されたものの重出誤記の疑いも強く、（中略）あるいは延暦四年九月種継が暗殺されたとき、宅美もまた殺されたものであろうか」とする。けれども、前述したように宅美はすでに宝亀七年九月には没していたことは確実であるから、この注記は高島氏も思われたように種継と混同したものであることがはっきりする。

良継は、当然のように嫡子宅美を自家だけでなく式家の後継者として期待していた。式家兄弟のなかでも政治的に重要な存在であった百川の長く在任していた右兵衛督や越前守を襲任させていることがその事実を示唆している。その宅美が急死したことをうけて、良継ら式家の期待は第三世代のなかでは年長者で位階の高い種継にかけられることになったのである。宅美が生きていれば、桓武の恩遇は種継ではなく宅美に与えられていたことであろう。

註

（1）　著者が光仁朝の政治体制を「藤原式家主導体制」としたのは、一九九四〜一九九六年発行の『山形県立米沢女子短期大学紀要』二九～三一号に分載した「藤原種継について」であった。以後の一連の式家官人の研究である「藤原百川について」（『米沢史学』一一号、一九九五年）、「藤原蔵下麻呂について」（『山形県立米沢女子短期大学紀要』三二号、一九九七年）、「藤原田麻呂について（上・下）」（『山形県立米沢女子短期大学附属生活文化研究所報告』二三・二四号、一九九七・一九九八年）でも同様に「藤原式家主導体制」とした。これらの諸論は『藤原式家官人の考察』（高科書店、一九九八年）、『新装復刊 藤原式家官人の考察』（岩田書院、二〇一九年）に所収した。その後、倉本一宏氏が『藤原氏の研究』（雄山閣、二〇一七年）で「良継の領導による『藤原式家主導体制』が構築された」（一九七～一九八頁）、『藤原氏』（中央公論新社、二〇一七年）でも同様のことを記述されて（一三一～一三三頁）、この期の政治体制を「藤原式家主導体制」というのが定着してきているように思う。

（2）『続日本紀』宝亀八年九月丙寅条。

（3）高島正人氏は良継の娘について、阿倍古美奈を母として桓武天皇々后となり平城・嵯峨両天皇を生んだ乙牟漏以外も検討している。まず叔父百川の室となって、桓武妃で淳和天皇を生んだ旅子の母となった女子が諸姉、永手の室となり二男雄依を生んだ女子が乙刀自、鷲取の室となり二男参議藤嗣を生んだ女子が人数とし、それぞれの昇叙状況や後宮での活動などを記述している。しかし、楓麻呂の室となり長子園人を生んだ女子、家依の室となり長子三起を生んだ女子については不詳としている。そして乙牟漏・諸姉以外の四人が「いずれも北家に嫁したことは婚家先選択の特色として指摘できよう」（『奈良時代諸氏族の研究』三四一・三九一～三九三・三九七・三九九頁、吉川弘文館、一九八三年）とする。

（4）玉井力「光仁朝における女官の動向について」（『名古屋大学文学部研究論集L史学』一七号、一九七〇年）に詳しい。

（5）『続日本紀』延暦三年十月乙未条。

（6）註（3）高島前掲書、三四〇頁。

（7）木下正俊『萬葉集全注』巻第二〇（有斐閣、一九八八年）三二九頁。小島憲之他、新編日本古典文学全集『萬葉集』四（小学館、一九九六年）四五〇頁。

（8）木本好信「藤原宿奈麻呂（良継）と石川女郎の離別」（『政治経済史学』四七六号、二〇〇六年）。
（9）註（3）高島前掲書、三五五頁。
（10）中川收「光仁朝政治の構造と志向」（『奈良朝政治史の研究』高科書店、一九九一年、初出一九八五年）。
（11）房前の娘について、角田文衛氏は藤原駿河子とし（「藤原袁比良」『平安人物志』上、法蔵館、一九八四年、初出一九六一年）、高島氏も同様に理解しているが（註（3）高島前掲書、三八三頁）、そのことは明確なことではない（木本好信「藤原房前の娘と藤原百能」『奈良時代貴族官人と女性の政治史』和泉書院、二〇二二年、初出二〇二一年）。
（12）『尊卑分脈』には、延暦四年に没した家依の薨年が四六歳とあり、『公卿補任』宝亀八年条の尻付には天平十五年生まれで、延暦四年条には薨年は四三歳とある。後者を採った。
（13）『続日本紀』宝亀六年八月庚辰条。
（14）赤羽洋輔「奈良朝後期政治史に於ける藤原式家について（下）」（『政治経済史学』四一号、一九六六年）。
（15）註（10）中川前掲論文。
（16）木本好信『藤原種継』（ミネルヴァ書房、二〇一五年）八〜九頁。
（17）北啓太『藤原広嗣』（吉川弘文館、二〇二三年）一五〇・二三七頁。ただ『尊卑分脈』宇合卿孫には、綱手の子とある。
（18）百川の越前守在任は、宝亀四年二月十四日までしか確認できない（「太政官符案」、東京大学史料編纂所『大日本古文書』編年之二一、二七四頁、東京大学出版会、一九六九年覆刻）。しかし、同五〜六年も越前守や介などの国司の補任記事がみえないことから在任していたものと思う。
（19）良継の内臣就任について、山本信吉氏は藤原氏の主導権を握って四家のなかでの式家の優位性を明確にしようとしたと理解し（「内臣考」『国学院雑誌』六二巻九号、一九六一年）、二宮正彦氏は内大臣に昇ることは魚名のケースではあるが「左右大臣の職掌に応じた太政官行政の掌握を意図したのではないか」とする（「内臣・内大臣考」『続日本紀研究』九巻一号、一九六二年）。

第一三章　他戸皇太子と「不穆」だった「帝」は光仁か桓武か

―『類聚国史』巻七十九、延暦二十二年正月壬戌条の疑問―

はじめに

『類聚国史』巻七十九、政理部一の賞功項には、現行本『日本後紀』には欠脱している延暦二十二年（八〇三）正月壬戌（十日）条が所収されている。この条文には、槻本奈弖麻呂ら兄弟三人が昇叙、加えて宿禰を賜姓されたことが記されているが、この処遇は三兄弟の父である老の「帝」への奉仕と輔翼の志、そして井上皇后と他戸皇太子による巫蠱の悪事を発き、廃后・廃太子に追い込んで国家を安泰なさしめたという功績を、桓武天皇が三〇年後に「追思」したことによるものであったとある。

ここで問題となるのは、条文中にみえる他戸と「不穆」な関係にあって、老が奉仕し輔翼の志を抱いていた「帝」とは誰なのか、光仁天皇なのか、はたまた桓武天皇なのかということである。従来から「帝」は、桓武を指すものとして、桓武が山部親王時代に他戸から無礼な態度をとられ、老が山部と親しい関係にあるとしった井上と他戸が老に激しく怒り何度も責めたものと解釈し、他戸と山部が不仲であったと理解してきた(1)。ゆえに山部が藤原良継・百川兄弟らと謀って、井上・他戸母子が巫蠱を企んだとして廃后・廃太子に、後に死に追い込んだものと思

われてきた。(2)

しかし最近になって、この「帝」は、山部ではなく光仁を指し、光仁と井上・他戸母子との間に対立があったものと理解し、榎村寛之氏の主張する井上に即位する可能性があって、廃后・廃太子事件は井上の「皇后」「女帝」「斎王」の権力を無力化するイデオロギー闘争だったとする説(3)を援用しつつ、老齢な光仁が、井上・他戸母子に政治の実権が奪われ、他戸への中継ぎとして井上が女帝として立つことを危惧して、この王権内の対立を解消するために、母子が巫蠱を企んだものとして廃后・廃太子に追い込み「廃除」したものとする浅野咲氏による新説(4)が発表された。

一 「帝」は光仁か桓武か

このことについて論じる前に、まず『類聚国史』(新訂増補国史大系本)の条文(5)をあげてみよう。

桓武天皇延暦廿二年正月壬戌。外従五位下槻本公奈氏麻呂授二従五位上一。弟正七位上豊人。豊成従五位下。並賜二姓宿禰一。奈氏麻呂父故右兵衛佐外従五位下老。天宗高紹天皇(光仁)之舊臣也。初庶人(他戸親王)居二東宮一。暴虐尤甚。與レ帝不レ穆。遇レ之無レ禮。老竭レ心奉レ帝。陰有二輔翼之志一。庶人及母廢后(井上内親王)聞三老爲二帝所一レ昵。甚怒。喚レ之切責者數矣。及三后有二巫蠱之事一。老按二驗其獄一。多發二奸状一。以レ此母子共廢。社稷以寧。帝追二思其情一。故有二此授一。

いままでは黒板伸夫・森田悌編『日本後紀』(6)(訳注日本史料本)もあるが、基本的には異なるところはない。(7)問題となる「帝」は、四か所みえるが、最後の二重傍線の「帝」は延暦二十二年正月に叙位したわけであるから桓武を指すことは間違いない。問題は上述のように傍線を引いた三か所の「帝」が、光仁か桓武のどちらを指すのかである。桓武と理解するのが通説であるが、これを最初に光仁との理解につながることを示唆したのは看見の限りではこれも上述の榎村氏ではないかと思う。

榎村氏は、この条文について「注意すべきは、すでに延暦十九年に復位している井上皇后が「廃后」と記されていることである。おそらくこの文章は、槻本老の卒伝などから直接引用したもので、それが延暦十九年以前だったために古い表記が残ったのだろう」との見解を示している[8]。もし、老の卒伝を引用しているとすると、それは「(奈弖麻呂父故)右兵衛佐外従五位下老」から「社稷以寧」までの部分であろう。のちに同氏は別稿で[9]、『日本後紀』逸文延暦二十二年年正月十日条では、(中略)その内容は、『庶人(他戸)』が東宮(山部)に暴虐を働き、天皇に反発し(後略)」と記している。これは「初庶人(他戸親王)居㆓東宮㆒。暴虐尤甚。與㆑帝不㆑穆。遇㆑之無㆑禮」との部分の理解であろう。まず圏点を付した「年」は重複しているが、この史料からは庶人他戸が東宮山部に暴虐を働いたとのことはうかがえない。庶人である他戸が東宮であった時の暴虐が甚だしかったとあるのを、東宮が山部を指すものと勘違いしている。「天皇に反発し」とあるのは、「與㆑帝不㆑穆。遇㆑之無㆑禮」を趣意しているものと推察するが、つまり東宮を山部とみているのであるから、天皇＝「帝」は光仁と理解しているとみてよいようである。

この榎村氏の前稿をうけて、浅野氏は「帝」を光仁とみた場合には、光仁と井上・他戸という王権内部での対立関係を想定することが可能となり、桓武であった場合には井上・他戸と山部(桓武)が不仲であり、山部の主導によって廃后・廃太子が実行されたことをうかがわせるとされる。そのうえで、この老の記事は、榎村氏が想定したように延暦十九年以前に書かれた史料からの引用と考えられるとする。

ところで老がいつ卒去して、卒伝が記された時期がいつなのかである。これについても浅野氏は、老が宝亀九年(七七八)正月に極位の外従五位下に、同九年三月に極官の右兵衛佐に補されており、その右兵衛佐の後任に同十年九月に石川弥奈支麻呂が就いていることから、この頃か「光仁在位中に死去した可能性が浮かび上がってくる」とする。そして、「光仁在位中に死去した老の卒伝からの引用であるならば、卒伝には光仁とのエピソードが書かれるはずであり、他戸と不仲であった『帝』は光仁であると推測できる」と主張する。

そうなると、藤原種継暗殺事件以外には欠脱が無いであろう延暦十年十月までを取り扱う正史の『続日本紀』に老の卒伝が掲載されていなくてはならないことになるが、現行本『続日本紀』にはみえない。『続日本紀』掲載の薨卒伝は一四三例（大宝令制以前の冠位九例を除く、一品〜四品一九例と光明・井上・藤原乙牟漏の皇后や安積親王などをふくむ）あるが、薨伝である三位以上は九一例、卒伝の四位が一九例、五位は正五位が忌部色布知・道首名と坂上又子の三例、従五位上では小野石根、従五位下では藤原広嗣・佐伯葛城の三例であるが、従五位の三例は厳密には卒伝ではない。例外として正六位上の黄文大伴の一例がある（正六位上村国島主は厳密には卒伝ではない）。

こうみると、薨卒伝は殆どが四位以上であって、五位は五例であって極端に少ない。昇叙・補任の記事について正史は五位以上を載せるのが原則であったが、薨卒伝については四位以上に限られて五位は載せていない(10)。外従五位下の老の卒伝が掲載されていないことは当然であった。当時には官人の死後に遺族が系譜や業績を記した伝記（功臣家伝）(11)を式部省に提出することになっていたが、それは正史編纂時に取捨選択して薨卒伝として記載された(12)。『続日本紀』に無い老の卒伝を『日本後紀』の編者がみて、延暦二十二年の記事として引用する可能性はない。ただ老の功臣家伝が式部省に提出されていて、これを『日本後紀』の編者がわざわざ引用したとする可能性も残されてはいるが、まずそのようなことは考えられないので、もとから老の卒伝などは無かったとみなくてはならない。

二　「帝」は桓武

それでは、なぜ『日本紀略』延暦十九年七月己未（二十三日）条に、「故に廃皇后井上内親王を追復して皇后と称すべし」とあって、同十九年に皇后に復位する措置が執られていた井上のことが、延暦二十二年正月時の記事に「母廃后」と記されたのかという榎村氏が疑問視し、延暦十九年以前の卒伝から引用したとする論拠のことが問題となる。(13)

それは天武皇統、つまり聖武・称徳という正統な皇統ではなく、それも卑しい母姓の出自である桓武が即位した正当性を明示することが桓武自身の在位中の命題であったから、延暦二十二年記事の背景にもこのような意図があったのではなかろうか。それゆえに井上・他戸母子が老を責め苛め、他戸が暴虐な性格であり、兄桓武にも親しまずに無礼をはたらき、井上も光仁を巫蠱したなどのことを列記して貶める内容の記事を掲載することが優先されて、井上の皇后復位が意識されなかったのかもしれない。

また記事掲載の意図が上記のような理由であったので、皇后復位との事実をあえて掲載せずに「廃后」としたのだとも理解できる。このような井上・他戸を貶め、そのうえで桓武即位の正当性を明示しようとする意図のもとに、この記事が書かれているのであるから、それは井上・他戸の傍若無人ぶりの対象者は桓武でなくてはならない。例え延暦十九年以前の記事であっても、この「帝」は桓武でなくてはならない。

かえって「帝」を光仁と解釈すると疑問となることがある。老が光仁の旧臣であったが、山部にも親しい気持ちがあったからこそ息子の奈弖麻呂らが昇叙されたのである。光仁と井上・他戸母子がここまで関係が悪化していたなかで、旧臣として老が光仁に尽していたとしても、桓武が三〇年後の延暦二十二年に老を「追思」して息子たちを昇叙する理由は少ない。自分への貢献を考慮したものとする理解に納得がいく。

桓武は、老が井上の巫蠱のことを告訴して廃后にするのに寄与したことによって、自身が即位することにつながったことを「追思」して奈弖麻呂らに昇叙したのである。桓武は、光仁が井上の廃后を領導したという事実を改めて三〇年後に「追思」したのではなく、自分自身への井上・他戸母子の仕打ちに対しての老の貢献を「追思」したと理解するほうに妥当性がある。

さらに桓武が追思した「其情」とは何か。それは上述したように他戸から無礼を受けていた時、老が心から尽して輔翼の志をもってくれていたこと、そして井上・他戸の廃除に寄与して自身が立太子、そして即位へとつながったことである。これらの事実を「追思」したのは桓武であり、光仁では文章上意味をなさない。

先に考察したように、この記事は延暦十九年までに成立した老の卒伝を引いたということではないのであって、編纂時に延暦二十二年の史料を引いているとすると、もし「帝」が光仁を指すものであったならば、それは「先帝」と修正して記すと思う。現実に光仁のことを「天宗高紹天皇」と記し、老をその「旧臣」と記しているからには、記事の全ては延暦二十二年時に記した一つの文章であり、このことから「帝」は当代の桓武でなくてはならない。

おわりに

浅野氏は、延暦十九年以前の光仁在位中の卒伝からの引用であるので、光仁が「先帝」などといった表記ではなく「帝」と記されていることも自然に理解できるとする。また他戸が無礼であったことが問題視されているが、もし「帝」が山部であったならば、皇太子であった他戸が山部を敬わなかったことがそれほど問題になるとは思えないことから、他戸が実父である光仁と不仲で敬わなかったとみるべきだとも傍証する。そして上記の理解を一証左として、井上・他戸の廃后・廃太子事件は、光仁が井上・他戸の擁護者であった左大臣藤原永手の死去などのタイミングをみて、式家の手を借り対立関係にあった井上・他戸の廃除を実行したものと結論づけるのである。

しかし、それは桓武が宝亀三年以前にはただの親王であったとしても、延暦二十二年当時には絶対的な「帝」として君臨していたわけであるから、かつてのことではあっても他戸が山部への「不穆」や無礼な態度をとっていたことを問題視する意識は十分にあって何ら不思議ではない。

何より他戸廃太子後の新太子選出にあたって、『水鏡』の記事とはいえ藤原百川が山部を推したのに対して、藤原浜成は山部の出自が卑しいことを指摘し反対したが、これを光仁は是としたうえで、「酒人ノ内親王ヲ立ト思宣ニ」とあるように、他戸実姉の酒人内親王を立てようとしたことがみえている。これは中西康裕氏が、光仁自身は「本来他戸王への中継ぎ天皇として即位し（中略）自分の役割を十二分に承知していたようで（中略）光仁の意向には皇統は聖武系という確信があったことからこそ、酒人の擁立は初めて理解できる」[14]と指摘するようなことであったわけであるから、やはりこのことからしても光仁自身が井上・他戸の廃后・廃太子の画策を主導したとは思えない。

註

（1）林陸朗「古代史を貫く一本の家系」（『史学研究集録』一〇号、一九八五年）。森田悌『（全現代語訳）日本後紀』上

（講談社、二〇〇六年）二八〇頁。

（2）例えば、角田文衛「宝亀三年の廃后廃太子事件」（『律令国家の展開』法蔵館、一九八五年、初出一九六五年）。林陸朗「奈良朝後期宮廷の暗雲」（『上代政治社会の研究』吉川弘文館、一九六九年、初出一九六一年）。中川久仁子「『桓武』擁立の背景―井上・他戸母子の処遇をめぐって―」（『日本古代史研究と史料』青史出版、二〇〇五年）など。

（3）榎村寛之「元・斎王井上内親王廃后事件と八世紀王権の転成」（『国立歴史民俗博物館研究報告』一三四号、二〇〇七年）。

（4）浅野咲「宝亀三年の廃后・廃太子の再検討」（『立命館文学』六八二号、二〇二三年）。井上・他戸の廃后廃太子が光仁の首謀だとするものに田中嗣人氏の「光仁天皇論」（『歴史文化研究』二号、二〇一二年）がある。田中氏は「登極を果たした光仁天皇にとっては、最早、井上内親王も他戸親王もすでに御用済みであり、寵妃高野新笠所生の山部親王（中略）に皇位を譲りたかったにほかならないのである。（中略）この事件の背景には、光仁天皇の強い意思で井上内親王・他戸親王母子の生命を奪ったことは明白である」と記している。

（5）新訂増補国史大系本（吉川弘文館、普及版、一九七九年）の底本には、凡例によると仙石政和校刊本を用いている。他に尊経閣文庫の各古写本・石清水八幡宮・宮内庁書陵部・神宮文庫・東北大学附属図書館所蔵本などをもって校合を加えている。『類聚国史』については、木本好信「『類聚国史』について」（『歴史と地理』七〇五号、二〇一七年）など参照。

（6）黒板伸夫・森田悌編『日本後紀』（集英社、二〇〇三年）が引用した『類聚国史』条文は、底本に仙石政和校刊本を用いて、新訂増補国史大系本などをもって校合している。

（7）「豊」→「豐」、「並」→「竝」、「衛」→「衞」と新訂増補国史大系本使用の常用字体を、黒板伸夫・森田悌編では本字を用いるところが異なる。

（8）該条文では皇太子であった他戸を「庶人」と記している。他戸は、宝亀三年五月に廃太子されて「庶人」となって以降、井上が皇后に追復された一三年後の弘仁三年十月になっても藤原内麻呂甍伝に「昔日庶人他戸」とあって追復されていなかったことがわかる。

（9）榎村寛之「井上廃后事件と光仁朝」（『宮城学院女子大学キリスト教文化研究所研究年報』五〇号、二〇一七年）。
（10）中西康裕『続日本紀と奈良時代の政変』（吉川弘文館、二〇〇二年）四二一〜四五頁。
（11）林陸朗氏は、「功臣家伝」が薨卒伝の主要な素材となっていることを論証されている（「『続日本紀』掲載の伝記について」『日本史籍論集』上巻、吉川弘文館、一九六九年）、林陸朗「『続日本紀』の「功臣伝」について」（『続日本古代史論集』中巻、吉川弘文館、一九七二年）。
（12）長谷部将司「『続日本紀』における薨卒伝の成立事情」（『続日本紀研究』三四〇号、二〇〇二年）。
（13）浅野氏は、「癸未」条と指摘するが、「己未」条が正しい。
（14）註（10）中西前掲書、二九八頁。

追記

成稿後に古藤真平氏から貴重なご教導を賜った。記して謝す次第である。

付章一　林裕二氏の「藤原四子論」への疑問と課題

はじめに

最近とはいっても、二〇二三年四月に林（大友）裕二氏の『古代の政争と藤原四子』（同成社刊）が刊行された。第Ⅰ部「藤原四子体制（武智麻呂政権）の再検討」では、第一章「藤原四子体制（武智麻呂政権）の実体」、第二章「藤原豊成の評価と左降理由」、第三章「藤原四子の子女間の婚姻関係」、第四章「天平三年八月の参議推挙に関する一試論」、第五章「『長屋王の変』における藤原四子の動向」と、第Ⅱ部では「藤原四子をめぐる諸問題」と題して、藤原広嗣の乱や知太政官事、鈴鹿王、春日大社の成立などを考察した六章に、前後に序章と終章、つごう一三章からなっている。

著者も藤原四子については論述したことがあり、「藤原四子体制」論を否定的にとらえ、その実態は房前を除く武智麻呂主導体制・武智麻呂政権論との認識のもとに、かつて一九九〇年に①「藤原四子体制の実体について」（『山形県立米沢女子短期大学紀要』二五号）を嚆矢として、②「藤原四子体制と宇合」（『古代文化』四四巻一号、一九九二年）につづいて、③「藤原四子兄弟の政治的関係」（科学研究費報告書『奈良朝中期政治史の研究』一九九八年）、④

「藤原麻呂について（上・下）」（『甲子園短期大学紀要』二八・二九号、二〇一〇・二〇一一年）をはじめ数編の小論を発表して、その成果を基礎にまとめて、二〇一三年五月に『藤原四子』（ミネルヴァ書房）を公刊した。

林氏は「まえがき」で、「藤原四子体制（武智麻呂政権）を前提とした奈良時代の政局は、『藤原四子』（中略）に代表されるように、木本好信氏の研究により提示されて久しい。しかしながら、藤原四子体制（武智麻呂政権）というものが存在したという前提に立つと、奈良時代の政局を理解するうえで、疑問に残る《マヽ》こともある」とし、さらに「序章」で「筆者の目的の一つは、木本氏による成果を尊重し、これを藤原氏の権勢を前提とした結論の一つとして継承し、氏とは異なる見地に立った時に、違う結論にたどりつくことがあると提示することにある。したがって、本書においては、必然的に木本氏との見解の相違は多くなる」と記している。まずは著者への過大とも思われる評価に戸惑うとともに、それとは別に林氏もいうように、著者の説に対して言及して、見解を異にするところが多い(1)。

よって、著者なりのいまの見解を簡潔に述べて、林氏の疑問点や見解の異なることに回答することもまた林氏の成果への学術的な責務と考えることから駄文を草した次第である。ただ、今回は第Ⅰ部第一章に限ることにした。重ねて諒とせられたい。

一　武智麻呂と房前の政治的関係について

まず武智麻呂と房前の政治的関係について、上掲③などによって乖離説を説く拙論(2)に対して、武智麻呂の長子豊成と次子仲麻呂が、房前の娘姉妹をそれぞれ神亀四年（七二七）～天平三年（七三一）までに妻としてむかえて、豊成は第四子縄麻呂を、仲麻呂は第三子久須麻呂をもうけていることから、この「婚姻関係のみから判断すると、武智麻呂と房前との間には、結束の意志を見出すことができよう。また、武智麻呂と房前は同母であることも併考してみると、血縁的には極めて親密な関係で、そこに強固な人間関係があったとしても、何ら不自然なことではないだろう」とする（これに関しては、第三章「藤原四子の子女間の婚姻関係」で詳述している）。

そして、この婚姻は、傍系の房前が宗家の武智麻呂家からの独立を目指しつつも、不比等の「故太政大臣藤原朝臣家」という遺産である位封・職封を、あくまでも「故太政大臣藤原朝臣家」として得られる有利な立場を維持しつづけることを狙いとしたものであり、房前の主導による可能性が大きいとする。よって、この婚姻関係は、四子の結束を示すと捉えるよりも、房前個人の地位や立場を保つものであり、宗家からの独立を意識してのことであって、四子の結束ではなく房前独自の思惑であったとしているが、この二つの理解は少しく矛盾する。

さらに疑問点はある。まず、同母兄弟であるからといって、かならずしも「極めて親密な関係で」、「強固な人間関係があった」とは限らない。武智麻呂子息の同母兄弟である豊成と仲麻呂の骨肉相争った例など多々ある。また、林氏は神亀四年～天平三年の間の、この二組の兄弟姉妹の婚姻が、房前の「宗家からの独立を目指しつつも、不比等の遺産を得られる立場を維持するための狙いであった」としているが、「養老家令職員令」従三位（八）条には従三位に昇叙すると、家政機関として家司をおいて独立することが規定されている。房前が三位となったのは、養老五年（七二一）正月のことであるから、すでにこの頃には独立していたと考えられる。岩橋小弥太氏は、五位となれば家政経営を担う資人二〇人が支給されることから、養老三年に宅司が置かれたと指摘している(3)。そうすると、四位であった武智麻呂・房前もすでに同三年には宅司をおいていたということになる。二人が宅司をもうけてからは南・北家としての独自性が強くなってきていたのではないか。

房前は、従四位下にあった養老元年十月には参議朝政に補任されている。当時の太政官メンバーは、畿内の有力氏族の代表者一人で構成するという不文律が頑なに守られており、同族から二人の連任はタブー視されていた。不比等といえども次子房前を参議朝政に採ることは憚られたと思われるので、すでに房前が北家の当主として独立していたから可能であったと理解すると、それは養老元年十月以前のこととなる。すくなくとも前述のように養老五年正月、遅くとも不比等が亡くなった前年八月までには事実上独立せざるをえなかったのではないか。

不比等死没以後からは、藤原氏主導体制をめざす長子武智麻呂に加えて宇合・麻呂兄弟と、元明太上天皇・元正天皇、長屋王を中心とする皇親体制の一翼を担う次子房前は政治的には乖離していて、この子女の結婚は矛盾するようではあるが、不比等の遺志でもある藤原一族としての結束を保つという最低限の意識が底辺にあったということではなかろうか。

また房前が娘姉妹を武智麻呂息子兄弟に配するだけでは、嫡流武智麻呂家につながり「故太政大臣藤原朝臣家」の遺産に関与して、自分の地位や立場を保つことはできない。林氏も、この件について吉川敏子氏の「四子を含めた不比等の直系卑属より成る集団(4)」との見解を引用しているように、武智麻呂・房前の息子娘間の婚姻が必須条件ではなく、不比等の直系卑属、つまり不比等の息子ということだけで十分に条件は満たされているわけである。ごくあたりまえの理解ではあるが、次世代になっても藤原一族としての結束を意識してのことであって、このことが武智麻呂と房前の政治的乖離を否定し、「親密な関係で、強固な人間関係にあった」との決定的な論拠となるかは別次元のことであるように思う。

二　武智麻呂と麻呂の政治的関係について

林氏は、武智麻呂と麻呂との政治的な関係について、著者の二条大路木簡の分析を「武智麻呂との間に強固な結びつきがあったと指摘されている。たしかに、武智麻呂から麻呂邸に対して物資の運送がなされている」と理解したうえで、これに対して、「兄弟としての友好関係は実証されるだろう」としながらも、林陸朗氏（以下、林氏と混同しないためにフルネーム表記）の「四人それぞれの立場があって、堅い一枚岩というわけではなかった[5]」との文言を引いて、「そのことが、政治的な面での協力関係を示しているとは限らない」と懐疑的である。

というのも、『懐風藻』に「次のような伝記が残されているからである」として、「五言。暮春於弟(第カ)園地置酒。一首。并序」をとりあげる。この詩作で林氏が注目するのは、「僕聖代之狂生耳。（中略）貪レ名狥レ利、未レ適二冲襟一。（後略）」の箇所で、とくに傍線を引いて、「右の傍線箇所からは、麻呂が地位や身分にあまり関心を持っておらず、藤原氏の勢力云々には興味を示していなかったことが窺える」とする。

さらに『尊卑分脈』麿卿伝の「（前略）雖二才為世出一、沈二湎琴酒一。常談云、上有二聖主一、下二賢(有脱)臣一。如レ僕何為畢(乎カ)。尚事二琴酒一耳。（後略、傍注は木本）」をも引いて、「こちらでも、『懐風藻』に近い麻呂の人物像が伝えられて」いて、「立場や地位のために、麻呂が武智麻呂と政治的に協力していた姿を、あえて想定する必要はないだろう」とする。そして、「藤原四子は、各個人が藤原氏のためではなくて、（中略）あくまで個人的な一人の律令官人として、異なる政治意識を有していたとみるのが穏当なのではなかろうか」と結論づけている。

しかし、『懐風藻』の詩作をそのまま素直に信じて、麻呂の政治意識を論じることが決定的な論拠になるとは思わない。「僕は聖代の狂生なり」「名を貪り利を狥むるは、未だ沖襟に適わず」とは、辰巳正明氏の『全注釈』の現代語訳には、「僕は優れた天皇の御代にあって風狂を楽しむ愚か者である」「名誉を求めたり利欲を貪るようなことは、いまだかつて我が心に叶うものではなかった」とあり、「むしろ酒に対して、まさに歌うべきである」(6)とつづけている。詩中では、魏の嵆康を我が友といい、晋の伯倫を我が師と詠じていて、辰巳氏の『全注釈』、杉本行夫の『註釋』(7)や林古溪の『新註』(8)でも、梁の『文選』、たぶん唐代の諸註の六臣注や『楽府』など漢籍から句を引いていることが記述されている。「僕聖代之狂生耳」も、初唐の王勃の詩序にみるように冒頭に作者の性格を述べたものとの指摘もある(9)。

宇合の「棗賦」の素材源は、松浦友久氏が指摘されたように、唐代の欧陽詢の『芸文類聚』、除堅の『初学記』などの類書を利用した典型的なものであり(10)、詩作にあたって唐代の類書を利用するのが基本的なスタイルであった。この麻呂の詩作も、かつて著者が兄「宇合の詩作の影響が色濃くあるように思われるし、当時の詩作のスタイルから考えて、麻呂が表現どおりの人間であったと理解するのは早計である(11)」と論述したように、かならずしも麻呂自身の人生観を吐露したものではなく、宴会での文学上の表現であったと理解するのがよい。『尊卑分脈』の「上に聖主有りて、下に賢臣有り。僕のごときは何をか為さんや。尚、琴酒を事とするのみ」との記述は、『懐風藻』中の詩作と共通の内容になっていて、これを参考とした蓋然性が高い。

前掲に記したように、林陸朗氏は、林氏が引用した論文で、「このような詩文などから窺われる麻呂のプロフィルというものは、藤原氏の高官の風貌とは結び付きにくいような感じがするが、漢詩文にはフィクションや誇張などがありがちである点に留意しなければならない(12)」とも記している。林氏は、前述のように武智麻呂と麻呂との関係について「政治的な面での協力関係を示しているとは限らない」と兄弟の希薄な関係を主張するにあたって、林陸朗氏の都合のよい部分を引いて、主張に反する詩文についての記述を看過しているようである。

三　武智麻呂と麻呂の政治的関係の論拠

前節では、林氏は武智麻呂と麻呂との政治的関係について、前述のとおり林陸朗氏の「四人それぞれの立場があって、堅い一枚岩というわけではなかった」との文言を引いたうえで、二条大路木簡からの分析で武智麻呂から麻呂邸に対して物資の運送がなされているということだけでは、「兄弟としての友好関係は実証されるだろう」が、「そのことが、政治的な面での協力関係を示しているとは限らない」と著者の説いたところを否定する（これに関しては、第五章「『長屋王の変』における藤原四子の動向」で詳述している）。

しかし、著者が「武智麻呂との間に強固な結びつきがあった」とするのは、二条大路木簡の分析からだけではない。すでに『藤原四子』でも「長屋王の変」と「天平改元」のことに麻呂が深く関わっていたことが、政権の主導体制を目指す武智麻呂との政治的な関係を示す有力な論拠になると主張している。

まず、「長屋王の変」についてである。『続日本紀』天平元年二月辛未（十日）条冒頭に、「左京の人従七位下漆部造君足、無位中臣宮処連東人ら密を告げて称さく（後略）」とある。密告者の君足は左京の住人で、東人も左京の住人であった可能性が高い。『続日本紀』天平十年七月丙子（十日）条に「東人は長屋王の事を誣告せし人なり」とあることから、長屋王は無実であったことは明白で、この密告はまったくの虚言、「誣告」であった。「養老獄令」告言人罪（三二）条等には、虚言の密告を防ぐために真偽を三回審査し、謀反以上の告言の場合には虚言であれば反坐として斬罪に処すと規定されていた。

それでは、この君足らの密告を審査したのが誰かということが重要になるが、「養老獄令」告密（三三）条には告発する者は皆当処の長官をへて告げるとあり、浅野啓介氏は君足と東人は左京の人であることから、この告発を受理したのは左京大夫の麻呂であったとしている(13)。中川收氏は、君足・東人の密告は、身の絶対的な保全の確約を得たもので、二人に密告を決断させたのは麻呂であったとし、君足はかつて麻呂の配下にいた官人ではなかったかと推察している(14)。

事件の真相は、浅野・中川両氏のこのような見解と違わないものであって、麻呂がこのようにして密告を企み、当時は式部卿という文官職にはあったが、神亀元年（養老八・七二四）に持節大将軍として蝦夷を討った実戦経験のある宇合が六衛府の兵士を率いて長屋王邸を囲繞して長屋王を自邸に押し込め、中納言にすぎない武智麻呂が左大臣長屋王の叔父舎人・新田部両親王とともに中心となって罪科を追及して自死に追い込むという、武智麻呂・宇合・麻呂三兄弟の綿密に企てられたものであった。このことから武智麻呂と宇合にはもちろんのこと、武智麻呂と麻呂にも強固な政治的協力関係があったということができる。

また、長屋王を打倒して、武智麻呂を中心とする「武智麻呂主導体制」が成立し、中納言から翌月に大納言に昇ったものの、太政官内には協力関係にあるとはいえ先任大納言として多治比池守がおり、翌同二年十月には大納言に昇格した長屋王派だった大伴旅人や中納言阿倍広庭もいて、武智麻呂が恣意的に政治を領導することはできなかった。政界には長屋王の無実を疑わない長屋王派の官人らもいて、武智麻呂主導体制は確固とした政治体制とはいえなかった。

そこで武智麻呂主導体制の正当性を印象づけるために画策されたのが、長屋王時代を象徴する元号「神亀」を廃して、新元号を立てることではなかったか。事件半年後の天平元年八月、「天平」と改元されたが、この祥瑞改元は、『続日本紀』同元年八月癸亥（五日）条に、「京職大夫従三位藤原朝臣麻呂らい、図負へる亀一頭献らくと奏し賜ふに」とあるように、麻呂が大瑞にあたる瑞亀を献上したからであった。

祥瑞とは、政治的行為は自然現象に表出して、善政だと瑞兆が出現するという天人相関説にもとづくもので、当時はこの思想が信じられていて、東野治之氏が律令貴族をふくめた施政が正当化されるという現実的な意味もあったとするように[15]、近い過去にも「霊亀」「神亀」という瑞亀出現による改元があった。この「天王貴平知百年」という七文字を甲羅に記した長さ五寸三分、闊さ四寸五分の瑞亀を同元年六月に捕えたのは、河内国古市郡の無位賀茂子虫であり、子虫を訓導して、麻呂から献上させたのは道栄という唐僧であった。養老二年十月に帰国した遣唐使とともに来日したらしく、副使の宇合と知人であった可能性が高い。

麻呂は、かつて養老元年十一月に美濃国当耆郡多度山から出た美泉が大瑞に適うということでの「霊亀」から「養老」への改元の際にも、美濃介として国司をはじめ郡司・豪族らを懐柔し美泉の出現を演出して[16]、この祥瑞を動機として父不比等政権の太政官構成が二人となった危急を克服して、翌同二年三月に政権を確立するということを策謀した。また、この祥瑞改元を確認できる養老元年（霊亀三・七一七）十一月以後の神亀元年二月、同三年正月、同四年正月、そして「天平」改元の同六年六月、天平四年正月など、すべての祥瑞は左京職・京職からの献上であって京職大夫の麻呂が関与している。

これらの事実を勘案すると、天平元年六月に道栄をして賀茂子虫を手繰っての瑞亀を現出させ、献上のうえ、同元年八月五日の「天平」改元を策謀して、「武智麻呂主導体制」を正当化しようとしたのは宇合とともに、その主的な役割を果たしたのは麻呂であったと推断できる。さらに、この改元は単なる改元にとどまらずに、その勢いをかりての五日後の「光明立后」へとつながる武智麻呂ら兄弟の宿願を果たした契機ともなっていることを思うと、麻呂の政治的な役割は大きく、武智麻呂との兄弟としての、そして藤原氏一族としての政治的協力関係が重要視されるのである。

おわりに

もう一つ林氏は、武智麻呂の長子豊成の昇叙状況に注視する（これに関しては、第二章「藤原豊成の評価と左降理由」で詳述している）。武智麻呂が従四位下に叙されたのは三四歳、宇合の正四位上が二八歳、麻呂の従四位上が二七歳であったのに比べると、豊成が天平四年正月に二九歳での従五位上昇叙をへて、従四位下に叙されたのは三四歳の時で遅いことを指摘する。すでに三〇歳前後に達している豊成が、右大臣武智麻呂・式部卿宇合が強力な政治力を構築していたなかで四位に達していても不思議ではないのに、そうでないことから四子の結束によって生じる政治力や、武智麻呂個人による突出した政治権力を見出すことはできないと主張する。つまり、武智麻呂・宇合・麻呂の政治的な協力関係は認めがたいというのである。

けれども、武智麻呂兄弟らとその息子豊成とは、世代や政治的状況が異なっており、一概に同一視することはできない。それに武智麻呂が、政治を主導していた不比等の長子でありながらも従四位下への昇叙は、前述のように林氏が遅いとされた豊成と同年齢である三四歳である[17]。また林氏が触れたように豊成は神亀元年二月の二一歳時に正六位下より二階昇って従五位下に叙爵している。つまり蔭叙の直後に昇叙しているのである。これが聖武天皇の即位によるものであるにしても、孫王ですら二五歳を超えても無位のままで叙位されない者が多かったと想定されることを考慮すると例外的に早い[18]。豊成と同じ世代、のちに左大臣になる房前嫡子の永手が叙爵したのは天平九年の二四歳、そして従五位下から従四位下に昇った時が三六歳、つまり三六歳までは従五位下のままであった。

それから叙爵と従五位上に昇叙したのが豊成と同時だった石上乙麻呂、その生誕時は明確ではないが、⑴天智八年（六六九）～天武七年（六七八）頃、⑵大宝元年（七〇一）、⑶持統二年（六八八）などの説がある。[19]著者は以前に諸論を検証のうえ、文武元年（六九七）～同四年が最下限ではないかと考証したことがある。[20]そうすると二九歳の豊成とともに従五位上に昇叙した時に、乙麻呂はすでに三六歳前後であった。不比等の上司であった左大臣麻呂の嫡子である乙麻呂が三〇歳代半ばを過ぎていたのに比べると、二九歳での豊成の昇叙が遅かったとはいいきれない。たしかに豊成の昇叙状況を検討すれば、林氏の指摘も尤もかと思うが、だからといって上述したような結論の直接的な論拠となりうるか、疑義があるように思われる。

以上、林氏の「藤原四子体制（武智麻呂政権）」論に対して、疑問と課題となりうることを思いのままに叙述した。林氏には、これら著者指摘のことを勘案のうえ、さらに自説を展開させ深化へと進まれることを期待したい。

註

（1）その主要な主張が、以下の本文中で「藤原四子が結束することによって生じる政治勢力や武智麻呂個人による突出した政治権力は、見出すことができないのである。（中略）藤原四子結束の前提を払拭し、一律令官人として太政官政治に邁進していた藤原四子の姿を明らかにしていかなくてはならないだろう」とすることである。しかし、倉本一宏氏は「四子の結束は、藤原氏全体の利害を考えたものである」（『藤原氏』九二頁、中央公論新社、二〇一七年）とし、関根淳氏も「武智麻呂の主導権を認めつつ、房前を過度に重視しない四子の協力体制ととらえるのがもっとも穏当なのではないだろうか」（「奈良時代政治史研究に関する一考察」『史聚』四七号、二〇一四年）と否定的な見解がある。

（2）本文中③木本前掲論文に加えて、「藤原房前像の再検討」（『政治経済史学』五六二号、二〇一三年）、「藤原四兄弟の『長屋王の変』の役割」（『政治経済史学』六一四号、二〇一八年）、「藤原四子体制・武智麻呂政権論」（『古典と歴史』二号、二〇一八年）などがある。
（3）岩橋小弥太「宅司考」（『上代官職制度の研究』吉川弘文館、一九六二年）。
（4）吉川敏子「律令貴族と功封」（『律令貴族成立史の研究』塙書房、二〇〇六年、初出一九九四年）。
（5）林陸朗「天平期の藤原四兄弟」（『国史学』一五七号、一九九五年）。
（6）辰巳正明『懐風藻全注釈』（笠間書院、二〇一二年）四一一頁。
（7）杉本行夫『懐風藻』（弘文堂、一九四三年）二一九～二二〇頁。
（8）林古溪『懐風藻新註』（明治書院、一九五八年）二〇八頁。
（9）小島憲之、日本古典文学大系『懐風藻　文華秀麗集　本朝文粋』（岩波書店、一九六四年）補注四六九頁。
（10）松浦友久「藤原宇合『棗賦』と素材源としての類書の利用について」（『早稲田大学国文学研究』二七号、一九六三年）。
（11）木本好信『藤原四子』（ミネルヴァ書房、二〇一三年）三〇二頁。
（12）註（5）林前掲論文。
（13）浅野啓介「木簡が語る長屋王の変」（『季刊考古学』一一二号、二〇一〇年）。
（14）中川收「長屋王の変の密告について」（『政治経済史学』四〇〇号、一九九九年）。
（15）東野治之「飛鳥奈良朝の祥瑞災異思想」（『日本歴史』二五九号、一九六九年）。
（16）水口幹記「藤原朝臣麻呂の祥瑞関与」（『早稲田大学大学院文学研究科紀要』四号、一九九六年）。
（17）大宝元年、武智麻呂が祖父鎌足の蔭孫として正六位上に蔭叙された時、家令である小治田志毘は蔭階に不満を漏らしたが、不比等は志毘の言葉を妄言としてたしなめたことがあったという。武智麻呂には、この不比等の思いと共通するものがあったのかもしれない。
（18）遠藤みどり「光仁朝の皇統意識」（『お茶の水史学』六六号、二〇二二年）。

（19）中西進「詩人・文人」（『万葉集の比較文学的研究』上巻、桜楓社、一九七二年）。神田秀夫「懐風藻と光仁天皇」（『国語国文』四八巻一号、一九七九年）。五味智英「石上乙麻呂」（『万葉集の作家と作品』岩波書店、一九九二年）。

（20）木本好信『律令貴族と政争』（塙書房、二〇〇一年）一一三〜一二〇頁。

付章二　北啓太氏著『(人物叢書)藤原広嗣』を評す

はじめに

歴史を学ぶ目的を達成するための尤も効果的な方法は人物史にあるのではなかろうか。その点でいうと、歴史上に何かしらの足跡を残した人物の生涯を解明した吉川弘文館の「人物叢書」やミネルヴァ書房の「日本評伝選」などの人物伝シリーズは有益であると思う。そして、このたび奈良時代政治史のなかでもインパクトのある藤原広嗣の生涯を対象にした書籍が「人物叢書」の一冊として刊行された。待望の公刊であるが、何といっても広嗣に関する史料は、『続日本紀』の「広嗣の乱」の戦闘部分のみであって、それ以外のことは殆どなく広嗣の生涯を総体的に発現することはむずかしい。

著者は、堅実な論拠を重ねたうえで穏当な筆致の論証でしられる北啓太氏で、北氏はその難題をクリアーして、広嗣についての研究で最も関心のあった決起の要因についても見事に解明している。

一　目次

詳細は、以下に叙述することにして、まず本書の目次を掲げる。

二　広嗣の家系、誕生・成長・出身

それでは目次にそって、北氏主張の論点を紹介しつつ、評者（著者のこと、以下同じ）の感想、そして主張についても併せて叙述していくことにしよう。

第一「家系、一族」、第二「誕生、成長、出身」では、まず広嗣の母系について、いままで高島正人氏[1]や評者が論じた[2]ように石上国盛（国守）が母であることを確認している。そして、第二では広嗣の生年について、二男の同母弟である宿奈麻呂（のちの良継、以下良継）が霊亀二年（七一六）の生まれであることから、稲光栄一説[3]の和銅四年（七一一）と野村忠夫説[4]の同七年説があるが、北氏は野村説を採って「和銅七年を基準にして、～前後」とする。その理由として、広嗣と同時に天平九年（七三七）に叙爵した北家の永手が二四歳、野村説では広嗣もこの時に二四歳と同歳になり、父宇合の二一歳時の出生となって問題はないとする。これに関して直木孝次郎氏が男性の初出子をもうけた諸例を検証して二一～二二歳頃とされている[5]ことを考慮すると妥当な結論といえる。

そうすると、宇合と国盛との結婚は和銅五～六年頃であり、この時には国盛の父石上麻呂は左大臣、宇合の父不比等は右大臣であった。政治の主導権は不比等にあったとみられているが、[6]不比等は自らも蘇我馬子の孫で天智朝に右大臣であった蘇我牟羅志の孫娘石川娼子を娶り、長子武智麻呂には大宝年間（七〇一～七〇三）初期に右大臣であった阿倍御主人の孫娘をむかえて、名族との閨閥の権威を借りて自家の興隆を図っていた。このことを思うと、宇合にも石上麻呂の娘をむかえたことは、不比等から麻呂に働きかけ、麻呂との連携を確かにして政権の維持と、宇合（式家）の、ひいては藤原氏の発展を期したのであろう。

このことは広嗣を語るうえでは重視すべきことであり、北氏もこの点を踏まえて、「母方・父方の両祖父が大臣の座にいたのであり、広嗣の毛並みの良さが際立つ」と指摘している。つまり広嗣は従兄弟達に比べても母族が最大豪族物部氏の後裔氏族である石上氏であって、乱を起こすに先立って聖武天皇に「時政の得失を指し、天地の災異を陳ぶ」と直諫しているのも、このような血統の誇りもあり、また従兄弟という身近な関係にあったからかもしれない。

三　叙爵以降の広嗣

第三「五位貴族として」では、広嗣が天平九年九月に従六位上から叙爵した以降のことについて論述するが、注目するのは、広嗣が三階昇叙して従五位下となっていることである。この昇叙は疫病死による藤原四子ら多くの公卿官人の欠員を補充するための緊急措置だったが、昇叙した五〇人以上の殆どが一階昇叙であったのに対して、藤原南家の乙麻呂と北家の永手、そして広嗣は三階昇叙であったから、藤原氏の次代を期待されていたのであろうことがわかる。

翌同十年四月には大養徳守に補任されているが、この時にはすでに式部少輔に在任していた。この直前の広嗣について北氏は、内舎人を勤めたのち、どこかの官司の判官級の官職に就いていたと推察している。伯父武智麻呂は大宝元年に二二歳で内舎人になった翌年に刑部中判事になり、その長子豊成も二〇歳で内舎人になって兵部大丞を兼任、神亀元年（七二四）に正六位下から叙爵した時には兵部少輔に転任している。よって天平六年に、「養老軍防令」五位子孫（四六）条の規定どおりに二一歳で蔭叙して内舎人となり、式部大丞あたりから式部少輔に転任した可能性も考えられるが詳細はわからない。

聖武の従兄弟で、かつ三階も昇叙され、枢要職である式部少輔に加え大養徳国守の兼任も命じられて重用されていた広嗣は、大養徳守補任から七か月余の天平十年十二月に突然に大宰少弐に遷任された。けれども左遷ではなく、大宰帥が右大臣橘諸兄の遙任であったことからの新羅との外交や西海道の統治を付託された遷任であるとの理解（7）もある。

しかし、相当官位は同じ位階の従五位下とはいえ、中央官の式部省から遠い大宰府への遷任は政治的には左降措置といっても過言ではない。諸兄は成立間もない政権の安定を目指していたこともあって、敵対的な発言を繰り返していた広嗣を追放する必要があったのではないかと思う。北氏は懲罰的意味合いは強くないものの、やはり左遷的意味合いがあったとみている。その論拠となるのが、聖武が渙発した勅命であろう。『続日本紀』天平十二年九月癸丑（二十九日）条には、「比、京の中に在りて親族を讒ぢ乱す。故に遠きに遷さしめてその心を改むることを冀ふ」とみえている。これは聖武が乱の最中に九州諸国の官人や国民にまで広嗣への与力を止め、鎮圧に協力を求める散擲した数千条の勅符中にみえる文面であることを思えば、やはり諸兄の意図を反映した政治的な左遷であることがはっきりする。

このなかで評者の関心は「親族を讒ぢ乱す」との一文で、いったい広嗣はどのようなことで「親族を讒乱」したのであろうかということである。具体的なことについては、①藤原宮子と玄昉のことを謗議した[8]、②橘諸兄政権打倒と藤原氏復権への協力を親族に求めたものの容れられず、その優柔不断な態度を批判した[9]、③聖武の専制的な人事と玄昉らの重用を抑えられない氏上的立場にいた南家長兄の参議豊成への不満[10]、④諸兄を信任する聖武の責任を追及した[11]、⑤藤原氏で唯一参議に列していた「さして能力のない豊成らへの謗り・暴言となった可能性」がある[12]、⑥、②の拙論を改めて、新たに叔母多比能（吉日）の夫で義叔父となる親族の諸兄の政治に反発して謗った[13]、⑦阿倍皇太子（のちの孝謙天皇）の立太子を推進した藤原宮子や光明皇后など後宮にいた藤原氏を讒乱した[14]などの諸説がある[15]。

北氏はこれらの諸説を看見のうえ、玄昉と吉備真備を重用するなかで、南家の豊成・仲麻呂らとは政治的に意見の対立があった事実は指摘するものの、「誰かを中傷したかどうかについては保留し、ここでは広嗣の過激な意見が藤原氏内部に対立を引き起こしたということにとどめたい」としている。

注視したいのは、北氏がはっきりと広嗣に同調する者は見当たらなくとも、漠然とした共感はある程度広がっていたとみてよいとすることである。評者はさらに一歩進めて、都のなかで広嗣を中心に多くはないものの諸兄反対派の勢力が形成されていたのではないかと考えている。その官人らは父宇合時代からの者であった可能性もあるが、その政治的支柱となっていたのは母方の伯父（叔父）の石上乙麻呂であったと推察している。乙麻呂は、右大弁大伴道足が参議に在任しているのに、上司の左大弁でありながらいまだ参議ではなかった。

藤原四子の病死によって瓦解した太政官の再構築を図った諸兄による天平十一年四月の四人の新参議採用に際して、もっとも有力なのが乙麻呂であったけれども、乙麻呂はその直前の三月に久米若売とのスキャンダルによってせいぜい徒一〜二年が妥当であるにもかかわらず土佐国への遠流という過大な科罪をうけている。これは諸兄による新参議採用に際して、事前に広嗣派の重要な立場にいた乙麻呂を除外するための陰謀であった[16]。諸兄は乙麻呂を除外する一方で、同族ともいってよい県犬養石次を参議資格の従四位下に一挙二階昇叙して参議の一員としている。この評者の持論に、北氏は「広嗣との関係を警戒されて若売との交際が利用され、失脚したのだろう。広嗣にとってもこれは痛手だったと思われる」と肯定的に理解している。

四　広嗣の決起理由

第四「藤原広嗣の乱の勃発」では、本書でもっとも重要である広嗣の決起理由に論及する。いままでは『続日本紀』記載の「時政の得失を指し、天地の災異を陳ぶ。因て僧正玄昉法師、右衛士督従五位上下道朝臣真備を除くを以て言とす」以外の具体的なことについては明確になっておらず、推測の域をでなかった。ただ、広嗣を祀る肥前国松浦郡の鏡宮・神宮知識無怨寺の縁起『松浦廟宮先祖次第幷本縁起』、そのなかの「先祖次第」は藤原鎌足以下の系譜を記し、「本縁起」は広嗣の伝記と鏡宮・神宮知識無怨寺の整備過程を記述しているが、荒唐無稽な部分が目立つものの、「上表文」だけは信頼できるのではないかと着目されてきた[17]。そのこともあって、群書類従本を底本に二〜三の諸本で校訂したうえで、一一頁にわたって上段に原文、下段に読み下し文を掲載している。長く史料編纂の公務に携われた経験によるものであろうと勝手に想像しているが、地道な作業ではあるが、何より歴史研究には史料が第一であることを肝に銘じたい。

さて、この「本縁起」は前述したように偽作説も根強く、これを坂本太郎が補強・徹底化させた[18]。しかし、その後に「上表文」の『続日本紀』など史料にみえない金星運行の記事が天文学によって真実と合致したことから偽作説が否定されてきている。(19)北氏は「上表文」の内容を詳細に検討したうえで、「本縁起」の内容が事実と大きく齟齬をきたしていることから「本縁起」と「上表文」とは別物であって、『続日本紀』をみていない「本縁起」作者が別に存在していた「上表文」を添付したものであるとする刮目すべき見解を提示している。加えて、「上表文」は中国の故事や古典にもとづいた表現を多用していることなどを検証のうえ、「むしろ広嗣自身の作である方がふさわしいだろう」とし、広嗣の真作だが草稿文である可能性が高いと考えている。この「上表文」には、災異思想から現状を警告し、軍団の廃止・防人停止など軍備の緩和を批判し、玄昉が密かに皇位をうかがっており、真備も玄昉の仲間であるとして、漢の成帝時代、朱雲が佞臣の張禹を討たんとした『漢書』にみえる故事をあげたところに広嗣の意図がみえるとする。

そして、全体の基調から中国の影響をうけた天皇の非を改めさせる「諫諍」の思想があったとし、これが「反」と認定されたとする。また広嗣は災異思想にもとづいて天変地異をあげて現状の危険を警告し、金光明最勝王経を政治思想の拠りどころとする聖武を厳しく批判していて、西海道諸国では広嗣に同調する反政府運動が広がっていたとする。

前述したように広嗣を非難し、離反を促し、斬殺すると白丁ならば五位に叙するという破格の処遇を示す制勅で、「逆人有りて、送人を捉へ害ひて遍く見しめずときく。故に更に勅符数千条を遺して諸国に散ち擲げしむ」と数千条を散擲したとあるのは、朝廷から広嗣に対しての追討命令を発しているものの、送人が捉えられて命令が達しなかったからだという。この制勅が官人百姓に直接宛てられていることからも、これは国司などが朝廷側の意向どおりに機能しないで、広嗣に同調する反政府的な状況にあったことをうかがうことができると看破している。

広嗣の危惧する政治情勢は西海道だけのことではなく、その批判は平城京の政界もふくめて問題となっていたのではなかろうか。このような広嗣の体制批判は大宰府に行ってからのことではなく、在京中からのものであり、だからこそ前述のように大宰府へと左降されたのであろう。

上述のように、北氏の「上表文」の検討によって、広嗣の「反」にいたる意図が具体的に分明になったことは、奈良時代中期にあっての「広嗣の乱」という大きな争乱の解明が一挙に進捗したという点で重視すべきことであり、評者としても高く評価できることであると思う。

五　乱の経過と背景

次に第五「乱の展開と終息」について。『続日本紀』にみえる乱についての記事には日付などに錯綜があり、また齟齬もきたしていて、その経過についての詳細はわからない。北氏は、この問題について整合的に推察しているが、この結果は評者からすると明解であり、新しい注目すべきことが指摘されている。その一つが、重要な緒戦において、朝廷軍が豊前国の登美・板櫃・京都の三鎮を鎮圧したことで、そこには先遣隊としての長門国豊浦郡少領の額田部広麻呂の現地工作の働きがあったと重視していることである。そして、この三鎮の攻略過程について、京都郡大領楉田勢麻呂ら地元郡司の攻撃によって陥落し、その後に朝廷軍が渡海した。また朝廷軍が三鎮攻略を主導したと解する二説について、『続日本紀』の編纂事情も考慮のうえ、その主体は渡海した朝廷軍によるものと考えている。九月二十二日に佐伯常人ら率いる朝廷軍は関門海峡を渡り、現小倉駅に移動して付近の登美・板櫃鎮を四千人で二十三日にかけて攻撃して陥落させ、この状況をみて兵を率いていた地元の勢麻呂ら郡司たちが広嗣側から離脱したものだと推測している。

また評者自身も明確に理解していなかったことに降伏した隼人の供述した以下の広嗣の進軍計画がある。広嗣は、大隅・薩摩・筑前・筑後・豊後の五か国五千人の兵士を率いて鞍手道より、弟の綱手は筑後・肥前国の五千人を率いて豊後国より、多胡古麻呂も兵数は不明だが田河道より進軍する計画であったが、広嗣軍は鎮所に到着したものの綱手・古麻呂軍は未着だったことである。北氏は、豊後国を経由しない広嗣軍に豊後国の兵士がいることは、これらの兵士らはひとたび大宰府に集結して三道に分かれて進軍したのだとしている。そして進軍を三方面に分けた理由として、豪族層の参加を働きかけ、かつ豊前国に進出してきた朝廷軍を三方から制圧するためであったと推考している。北氏は乱が展開された周辺の地形を丹念に実地踏査しており、この結果にもとづいて『続日本紀』に記す地名を比定し、かつ乱の経緯を論述していて説得性がある。

北氏は、前述のように薩摩・大隅国の兵士をも大宰府にひとたび集結させていることを指摘しているが、それでは遠く離れた南九州国内の兵士を徴発し、そしてなぜ大宰府に速やかに集結することができたのかについては触れていない。これについて評者はかつて父宇合の影響が多大であったと論じたことがあるので簡単に触れてみる。

宇合は天平四年八月に西海道節度使に任じられるが、これは新羅への対応策だと思われる。[20]『続日本紀』宝亀十一年（七八〇）七月丁丑（十五日）条には、縁海諸国に警固を通達して、この時に「宇合が時の式に依るべし」と命じていることがみえる。それでは、この「宇合の時の式」とはどういうものかというと、天平宝字三年（七五九）三月庚寅（二十四日）条に「大宰府言さく、（中略）警固式に拠るに、博多の大津と、壱伎・対馬等の要害の処とに、船一百隻以上を置きて、不虞に備ふべしとあり」とある「警固式」のことであろう。しかし、宇合作成の「警固式」は新羅来攻策だけではなく、天平四年八月壬辰（二十二日）条の検討から、軍団兵士の整備訓練・幕釜などの野営装備の補塡・兵器の製造修理・兵糧である糒塩の備蓄などのことがあった。また宝亀十一年七月戊子（二十六日）条には北陸道諸国に大宰府の式に拠って、国司以上は私馬に乗り、不足の場合には駅・伝馬を充てること、徴発兵士への食料支給のことなど六条が定められたことがみえている。また「出雲国計会帳」からも節度使の具体的な軍事的活動がわかる。

このように宇合は節度使として、九州諸国の軍事制度を整備しており、また長年にわたって大宰帥にも在任していて大宰府官人や郡司豪族と誼を通じて親しい人間関係を構築していた。広嗣が大宰府に着任すると、父宇合時代の大宰府官人、国司郡司や諸豪族とも親しい関係を築いていたのではないか。このような二つの要因がもとになって、広嗣は九州諸国から迅速に大宰府に多くの兵士を徴発・集結することができたのであろうと思う(21)。

乱の展開については、板櫃川の戦い以降の戦闘状況の記述は『続日本紀』にみえず、つづけて広嗣の耽羅島（済州島）への逃亡のことが記される。知賀島より東風を得て四日目に耽羅島に近づいたものの強風で上陸することができず、一昼夜漂蕩したうえに西風によって船が吹き戻されて五島列島あたりの色都島に漂着したところをつかまったらしい。このことに関して、北氏は父宇合の警固式には博多大津に百石以上積載可能な船を備えるとあるのでこれを徴発したのだろうが、この船はあくまでも沿岸警備用であったので東シナ海を渡ることはできないから、最初から半島海岸か耽羅島が目的地であったとしている。さらに耽羅島への上陸ができなかったことについて、これは船員である「海民」がこれ以上の逃亡行為に加担しての重罪を恐れた結果ではないかとする。北氏が指摘するように「蕃国に身を投じる」ことは「謀反」となることから当然だが、「海民」らも自分たちの耽羅島での見通しのたたない生活を考えてのこともあったのだろう。

そして、『続日本紀』には十一月五日付の東人の報告として、「今月一日を以て肥前国松浦郡に広嗣・綱手を斬ること已に訖りぬ。菅成以下従人已上と僧二人とは正身を禁め大宰府に置く」とみえている。この菅成について、新日本古典文学大系本（岩波書店、一九九〇年）は脚注で「綱手の子の菅継の幼名か」としているが、北氏は従人とは区別される特別な人物と考え、実は広嗣の弟で種継の父でもある清成のことではないかとする。「清成」は「キヨナリ」と読まれるが、「清」には「スガ」との訓みもあることから、確かなことではないが可能性の一つであるとしている。確かに「清成」は無位で生涯を終えており、五子の田麻呂が乱によって隠岐への配流にあい、許された後も蜷淵の山中に一〇年近く隠居したことから、清成は復帰することなく無位で終わった可能性もある。(22) もう少し何らかの論拠が欲しい。

弟の清成のことに及んだので広嗣の妻であるが、医術家である御立氏出身の女性で、清成の妻も医術に巧みな秦朝元の娘であった。玄昉が病床にあった藤原宮子を快癒させて医術の名誉を独占したことで、面目を失った妻の生家との関係から式家兄弟の玄昉への反発につながった「要素があったことを想像できるかもしれない」（第六）と指摘している。信憑性のある史料に拠ったことでもないので、とても興味ある指摘ではあるが、その当否はそれぞれ読者の判断に委ねることになろう。

北氏は乱の背景について、広嗣は左遷への不満や藤原氏内での孤立よる焦燥感もあるが、「上表文」にはこのような個人的なことはみえず、諫諍的に玄昉と吉備真備を除くことを求めており、そこには二人を重用する聖武への厳しい批判が存在すると詳述している。つまり広嗣の聖武への批判は、疫病による社会不安や軍備問題であったが、それは広嗣の独りよがりではなく、多くの共感する人びとがいて広嗣を後押ししていて、大軍を動員できたのも大宰少弐としての権威だけでなく、西海道には広嗣への共感があったとみている。

聖武は、疫病による貴族官人だけでなく、国民をふくめて多数の疫病死を出しながら、その社会不安と経済窮乏のなかで大仏造顕、国分僧尼寺の造営を積極的に進めている。これは仏教にすがって疫病鎮静と社会不安の払拭を願う気持ちから出たものとして理解はできる。けれども、広嗣の乱が契機となった行幸や恭仁京・紫香楽宮の造営と遷都は、窮状にあえぐ国民の実態を無視し、天皇としての国民を撫育するという最低限の責任を回避したものといってもよい。このような理解をもとに、評者は最大限に聖武に配慮したうえでの記述として、中公新書『奈良時代』で「実情がみえていなかった天皇」と定義づけたのである(23)。

東大寺、正倉院をはじめ華美な天平文化の創造者として聖武は今でも天皇として高い評価を得てきている。しかし、疫病死が国民の二五〜三〇％以上であるという現状のなかでの聖武の自己本位で過大なる負担を国民に強いる施策は、直情径行的な性格(24)の広嗣には我慢できなかったのであろうと思う。そして、これを容認している従兄弟らへの反感のあったことも当然のことと考える。如上の「上表文」を検討したうえでの北氏の広嗣の主張からみた聖武像の見解は評価できるものと考えるし、評者の描く聖武像と相重なると思う。

六　乱後の行幸と遷都

第六「乱後の世界」で北氏が問題としているのが、聖武の伊勢国（東国）への行幸と恭仁京遷都問題である。行幸については、広嗣の乱を避けてのことだと思われてきたが、遷都を前提に行幸を予定していて、広嗣の乱を壬申の乱に重ねあわせ、自身を大海人皇子（天武天皇）に投影させていたのではないかとの主張もある(25)。また大津市膳所城下町遺跡で本格的な大型建物が発掘されて、この遺跡が行幸途中の禾津頓宮跡であるとのことが指摘されるようになったことで、行幸は乱以前から計画されていたのではないかとの見解が示されるようになった。

北氏は、この乱以前からの計画説について、「可能性はあるだろう」とはするが確定を避けて、『続日本紀』記事の検討から考証しつつ、多数の騎兵を従えるなど軍事的な行幸であることから広嗣の乱の影響によるものであるとする。さらに、その論拠の一つとして大伴家持の『万葉集』巻六・一〇二九番歌にみえる「十二年庚辰冬十月、大宰少弐藤原朝臣広嗣の謀反に依り、軍を発し伊勢国に幸しし時」との題詞をあげ、「この題詞は行幸が広嗣の乱を契機にして行なわれたという認識を示している。この認識は軽視すべきではなかろう」とする。二つとして、聖武は大野東人に東国行幸について「将軍これを知りて驚き怪しむべからず」といっているので、行幸は東人出征後に決まったと思われることの事実などを併考して、以前からの計画を前倒しに実施した可能性があると指摘する。いずれにしても、聖武には焦慮心があり、貴族官人層に広嗣への理解が一定度存在したことから朝廷内部での傷ついた権威を回復し、また東国の掌握が背景にあったとしている。

評者はこの件について、すでに前掲の二つを論拠にあげて、佐藤長門氏の主張[26]も参考にして、「（聖武の）行幸理由が広嗣の乱によって平静を失ったものか、壬申の乱を追体験するためのものであったかは別にして、いずれにしてもその発端は広嗣の乱にあったことは動かない[27]」として北氏と同様の理解をしてきている。

つづいて北氏は、恭仁京遷都について、聖武は息子某王（基王）の死、長屋王の変、疫病の惨禍という記憶の染みついた平城京を離れて、新しい都での国分寺建立と大仏造立など新たな政治の展開を目指し、王権の権威を高めることを思っていたとしている。妥当な理解であると思う。しかし、評者は自己主張すると、このような聖武の行動を評価しない。繰り返しになるが、疫病を中心とする社会不安を国分寺建立と大仏造立で救済しようとしたとしても、この事業のために苦難の直中にある国民にさらなる負担を強いることになり、塗炭の苦しみに追い込むことになぜ思いをいたせなかったのか。そして、恭仁京造営と遷都、後に紫香楽宮の造営を命じたものの、反対する者たちによる山火事が頻発し、諸司官人たちの意向で平城京に還都することになった事実を思うと、今でも同じだが為政者というものは国民のためとはいっても、つまりは為政者の一人よがりに過ぎない。評者は、この時の人びとの思いや造営造立に徴用・動員された人たちに思いをいたす時、聖武を厳しく弾劾せざるを得ない。

七　玄昉没伝について

第七の「伝承上の藤原広嗣」では、『続日本紀』天平十八年六月己亥(十八日)条にみえる玄昉の没伝に、「稍く沙門の行ひを乖けり。時の人これを悪めり。是に至りて、徙所にして死ぬ。世に相伝へて云はく、藤原広嗣が霊の為に害はれぬといふ」とあることについて、北氏はこの記事は光仁朝、桓武朝の修訂時のものではないとする。淳仁朝の藤原仲麻呂による修史事業でまとめられた曹案三〇巻にすでに書かれていたとしている。現行本の『続日本紀』が二〇巻に縮小されていること、後に増補された可能性が低いことや桓武朝の編纂方針にあてはまらないことを併考して、上述の可能性が高いとしている。首肯できる見解かと思う。このような広嗣の怨霊伝承(噂)は比較的早く天平年間にはあったとし、平安朝に入っても最澄や円仁の著述にみえ、広嗣の霊は国家守護の役割を期待されていたという。

そして、最後には上述したように広嗣の決起にいたる事情を解明するのにとって重要な史料である『松浦廟宮先祖次第幷本縁起』について再び論及して、本書は肥前国松浦郡に所在する鏡宮・神宮知識無怨寺の縁起で、おおむね一一世紀頃には現行本といえるものが成立していたとしている。その後の広嗣説話と信仰について、『古今著聞集』や『一代要記』『元亨釈書』『平家物語』『源平盛衰記』などの関連記事に触れるなどして稿を閉じている。

おわりに

本書は、広嗣の生涯の叙述が中心となってはいるが、広嗣はもちろんのこと、政治的な動向などについても多くの研究史をふまえて穏当な判断のうえに、要点をおさえて簡潔にわかりやすく説明している。多くの読者にひとりの人間の生涯をしってもらいたいという人物叢書のコンセプトから考えればそうでなくてはならない。北氏もそのあたりのことを理解したうえでの叙述となっているのであろう。ゆえに内容には偏向や恣意的な記述がない。評者が第一に評価できることである。

また第四の『松浦廟宮先祖次第并本縁起』の検討では、「上表文」を引用したうえで偽作説を排除して、草稿ではあるものの真作とする結論を提示するなど詳細に考証している。これによって、従来から不詳であった広嗣が決起した理由が明確になり、広嗣のことだけではなく、この時代を中心とする聖武治政の評価をふくめて奈良時代中期政治史の実態が解明されたということでも大きな成果である。今後の研究への影響も少なくない。

註

（1）高島正人『奈良時代諸氏族の研究』（吉川弘文館、一九八八年）三三七頁。
（2）木本好信「石上国盛と石上国守」（『律令貴族と政争』塙書房、二〇〇一年、初出一九九九年）。
（3）稲光栄一「藤原広嗣の乱に関する一考察」（『歴史教育』六巻六号、一九五八年）。
（4）野村忠夫「藤原式家」（『奈良朝の政治と藤原氏』吉川弘文館、一九九六年）。
（5）直木孝次郎「額田王の年齢と蒲生野遊猟」（『続日本紀研究』三三一号、二〇〇一年）。

（6）野村忠夫『律令政治の諸様相』（塙書房、一九六八年）一二七～一三三頁。
（7）森公章「藤原広嗣の乱と遣唐留学者の行方」（『古代日本の政治と制度』同成社、二〇二一年）。
（8）平あゆみ「吉備真備右大臣就任の歴史的前提」（『政治経済史学』二九五号、一九九〇年）。
（9）木本好信「藤原広嗣の乱について」（『奈良朝政治と皇位継承』高科書店、一九九五年、初出一九九三年）。
（10）松尾光「藤原広嗣の乱と聖武天皇」（『天平の政治と争乱』笠間書院、一九九五年、初出一九八八年）。
（11）遠山美都男『彷徨の王権聖武天皇』（角川書店、一九九九年）一二四頁。
（12）瀧浪貞子『帝王聖武』（講談社、二〇〇〇年）一六七～一六八頁。
（13）「職制律」監臨之官（五二）条には、三等以上の婚姻の家を「親属」とする規定がある。橘諸兄の妻多比能は広嗣の叔母（祖父不比等の娘で三等親）であるので、諸兄は「親属」（親族）となる。
（14）木本好信『藤原四子』（ミネルヴァ書房、二〇一三年）二五二頁。
（15）林裕二『古代の政争と藤原四子』（同成社、二〇二三年）一〇二頁。
（16）木本好信「石上乙麻呂と橘諸兄政権」（『奈良平安時代史の諸相』高科書店、一九九七年）。
（17）北啓太「『松浦廟宮先祖次第并本縁起』について」（『史料・史跡と古代社会』吉川弘文館、二〇一八年）。
（18）坂本太郎「藤原広嗣の乱と史料」（坂本太郎著作集三巻『六国史』吉川弘文館、一九八八年）。
（19）細井浩志「『藤原広嗣上表文』の真偽について」（『古代の天文異変と史書』吉川弘文館、二〇〇七年）。
（20）北啓太「天平四年の節度使」（『奈良平安時代史論集』上巻、吉川弘文館、一九八四年）。鈴木靖民『古代対外関係史の研究』（吉川弘文館、一九八五年）二九・一六五～一七六頁。
（21）註（9）木本前掲論文。
（22）木本好信『藤原種継』（ミネルヴァ書房、二〇一五年）九頁。
（23）木本好信『奈良時代』（中央公論新社、二〇二二年）一一一～一一三頁。
（24）坂本太郎氏は、「独善・強情」（注（18）坂本前掲論文）、森田悌氏は「思慮欠如という性格」（「藤原広嗣の乱」『天皇と須弥山』高科書店、一九九九年）、西別府元日氏は「実直・直截」（「藤原広嗣」『奈良の都』清文堂出版、二〇一六年）としている。
（25）渡辺晃宏『平城京と木簡の世紀』（講談社、二〇〇一年）二一八頁。
（26）佐藤長門「藤原広嗣」（『敗者で読み解く古代史の謎』KADOKAWA、二〇一四年）。
（27）註（23）木本前掲書、一〇三～一〇四頁。

あとがき

またまた和泉書院から三冊目の論文集を公刊していただくことになった。七四歳をむかえての自著の刊行は自分でも万感の思いがある。

わたくしがはじめて自分の論文集をまとめたのは、二九歳の時であった。恩師大野達之助先生のご推薦によって母校の文学部などで開講されていた「歴史学」担当の非常勤講師として勤めるにあたって、いそいでテキスト代わりにその時までに『国書逸文研究』などの雑誌に書いていた平安時代の古記録についてのものをまとめた私家版の『平安朝日記と記録の研究』である。その翌年には、やはり私家版で藤原仲麻呂とその施策について発表していた諸論を集めて『藤原仲麻呂政権の研究』を出した。

その後、平安朝史、なかでも古記録に関する論文集や翻刻・索引などの何冊かを刊行してきていたが、三三歳で山形県に赴任したので古記録を多く所蔵する書陵部や内閣文庫に通うこともむずかしくなったこともあって、改めて奈良時代政治史の研究に専心することにした。その過程で一つのエポックとなったのは、はじめての本格的な奈良時代政治史についての成果である『大伴旅人・家持とその時代―大伴氏凋落の政治史的考察―』（桜楓社、一九九三年二月）と『藤原仲麻呂政権の基礎的考察』（高科書店、一九九三年六月）の二冊の出版であって、ことに後者は学部時代より進めてきた藤原仲麻呂とその施策の検討成果で、前述の私家版を全面的に補訂したもので、思い出ぶかいものであった（二〇二一年三月に志学社から再刊）。

爾来、仲麻呂とその政権の実態を解明することを研究の中心にすえながらも、奈良時代初期の藤原不比等からはじまって、長屋王、藤原武智麻呂ら四兄弟、橘諸兄、(仲麻呂)、そして藤原良継ら式家兄弟など、奈良時代末期にいたる権勢者や、各自を中核とするその政権の実態についても論及してきた。その結果については奥付をご覧いただくとして、いまになってみればそれぞれの一冊はわたくしの研究成果の通過点にすぎないが、やはりそのときどきの研究成果の集積であって感慨深いものがある。

そして、近著二〇二二年十月刊行の『奈良時代貴族官人と女性の政治史』(和泉書院)以降の一年半の成果を収めたのが、本書『奈良時代政治史の諸相』である。本書がいままでどおりに研究成果の一過程のものとなるかどうか、老齢に加えて体調が結果を大きく左右しそうである。

さて、本書の目次をご覧いただくとはっきりするように、第一章の霊亀～養老年間の「元正天皇即位をめぐる政治的考察」から第一三章の延暦年間の「他戸皇太子と『不穆』だった『帝』は光仁か桓武か」まで、ほぼ奈良時代七〇年余の出来事に論及している。これらのわたくしの研究を一眸して「政局史」という人もいるが、奈良時代政治史の一齣、その時代に確かに生きた人びとの生きざまに焦点をあわせて考究している。それには歴史研究とは、人間を探求する「人間学」であるという信念に近いものが基礎にある。そして、そこには赤裸々な皇位継承や政治権力をめぐっての政治闘争の事実が文章として表出している。それもまた人間の一つの姿であるとしてご覧いただければ幸甚である。

最後に、前著二冊につづいて本書『奈良時代政治史の諸相』も、廣橋研三氏をはじめ編集の方々のご理解とご厚志があって公刊されることになった。研究者は研究成果を公表する義務を負っているし、また多くの研究者のご高評を仰いで、さらに深化させる責任もある。そうでなければ研究者としてのわたくしの存在意義がない。その大切な公表の機会を与えてくださったことは、本当にありがたく幾重にもお礼を申し上げる次第です。

二〇二四年七月

木本好信

初出一覧

第一章　元正天皇即位をめぐる政治的考察（新稿）
第二章　聖武天皇の即位と藤原麻呂の画策―元正天皇と藤原武智麻呂との政争一齣―（『政治経済史学』第六六三号、二〇二四年四月）
第三章　孝謙女帝中継ぎ試論―母后光明皇太后からみた娘孝謙女帝―（『奈良時代政治史研究』第三号、二〇二四年一月）加筆補訂
第四章　道祖王立太子についての一試論―聖武太上天皇遺詔の意図と背景―（『奈良時代政治史研究』第一号、二〇二二年九月）
第五章　孝謙女帝と淳仁天皇の関係―入婿説の否定―（新稿）
第六章　淳仁天皇の妻妾と後宮（新稿）
第七章　氷上志計志麻呂・川継兄弟の生年―聖武天皇々孫の皇嗣問題―（『龍谷大学日本古代史論集』第五号、二〇二三年三月）加筆補訂
第八章　氷上川継の事件再論―榎村寛之氏著「不破内親王と氷上川継の乱」に反駁す―（『龍谷史壇』第一五七号、二〇二三年九月）改題、加筆補訂
第九章　竹野女王について―出自、後宮と政権―（新稿）

第一〇章　藤原仲成と妹東子の入内（『奈良時代政治史研究』第二号、二〇二三年九月）
第一一章　桓武天皇と皇位継承─姪五百井女王と甥五百枝王姉弟─（『古代史の海』第一〇九号、二〇二三年四月）
第一二章　藤原式家衰亡の一要因─藤原宅美の存在─（新稿）
第一三章　他戸皇太子と「不穆」だった「帝」は光仁か桓武か─『類聚国史』巻七十九、延暦二十二年正月壬戌条の疑問─（新稿）
付章一　林裕二氏の「藤原四子論」への疑問と課題（『古典と歴史』第一三号、二〇二三年十二月寄稿）
付章二　北啓太氏著『（人物叢書）藤原広嗣』を評す（『奈良時代政治史研究』第四号、二〇二四年六月）

■著者紹介
木本好信（きもと・よしのぶ）
1950年12月　兵庫県生まれ
1978年 3月　駒澤大学大学院人文科学研究科日本史学専攻博士後期課程単位修得満期退学
2003年 3月　博士（学術）
駒澤大学・国士舘大学・法政大学・日本大学大学院非常勤講師、山形県立米沢女子短期大学教授をへて甲子園短期大学教授・学長、龍谷大学文学部教授を歴任

単編著書　『江記逸文集成』国書刊行会、1985年／『平安朝日記と逸文の研究』桜楓社、1987年／『奈良朝典籍所載仏書解説索引』国書刊行会、1989年／『古代の東北』高科書店、1989年／『大伴旅人・家持とその時代』桜楓社、1993年／『藤原仲麻呂政権の基礎的考察』高科書店、1993年／『奈良朝政治と皇位継承』高科書店、1995年／『藤原式家官人の考察』高科書店、1998年／『平安朝官人と記録の研究』おうふう、2000年／『律令貴族と政争』塙書房、2001年／『奈良時代の人びとと政争』おうふう、2003年／『奈良時代の藤原氏と諸氏族』おうふう、2004年／『万葉時代の人びとと政争』おうふう、2008年／『平城京左京三条五坊から』つばら、2009年／『平城京時代の人びとと政争』つばら、2010年／『藤原仲麻呂』ミネルヴァ書房、2011年／『奈良時代の政争と皇位継承』吉川弘文館、2012年／『藤原仲麻呂政権とその時代』岩田書院、2013年／『藤原四子』ミネルヴァ書房、2013年／『藤原種継』ミネルヴァ書房、2015年／『藤原北家・京家官人の考察』岩田書院、2015年／『奈良平安時代の人びとの諸相』おうふう、2016年／『藤原南家・北家官人の考察』岩田書院、2019年／『（新装復刊）藤原式家官人の考察』岩田書院、2019年／『古代史論聚』岩田書院、2020年／『奈良平安時代史の諸問題』和泉書院、2021年／『（復刊）藤原仲麻呂政権の基礎的考察』志学社、2021年／『奈良時代貴族官人と女性の政治史』和泉書院、2022年／『奈良時代』中央公論新社、2022年

共編書　『朝野群載総索引』国書刊行会、1982年（大島幸雄・菅原邦彦両氏と）／『政事要略総索引』国書刊行会、1982年（大島幸雄氏と）／『親経卿記（翻刻）』高科書店、1994年（細谷勘資・大島幸雄両氏と）／『朔旦冬至部類（影印・翻刻）』武蔵野書院、2017年（樋口健太郎氏と）／『時範記逸文集成（翻刻）』岩田書院、2018年（樋口健太郎・中丸貴史両氏と）

日本史研究叢刊 47

奈良時代政治史の諸相

二〇二五年二月一五日初版第一刷発行
（検印省略）

著　者　木本好信
発行者　廣橋研三
印刷所　太洋社
製本所　渋谷文泉閣
発行所　有限会社 和泉書院
大阪市天王寺区上之宮町七－六
〒五四三－〇〇三七
電話　〇六－六七七一－一四六七
振替　〇〇九七〇－八－一五〇四三

ISBN978-4-7576-1110-8　C3321